OFFEN
30 Jahre Citykirche Offener St. Jakob

TVZ

Team Offener St. Jakob

OFFEN
30 Jahre Citykirche Offener St. Jakob

T V Z
Theologischer Verlag Zürich

Der Theologische Verlag Zürich wird vom Bundesamt für Kultur für die Jahre 2021–2024 unterstützt.

Bibliografische Informationen der Deutschen Nationalbibliothek
Die Deutsche Nationalbibliothek verzeichnet diese Publikation in der Deutschen Nationalbibliografie; detaillierte bibliografische Daten sind im Internet über http://dnb.dnb.de abrufbar.

Umschlaggestaltung, Satz und Layout
Rogério Franco

Druck
AZ Druck und Datentechnik GmbH, Kempten

ISBN 978-3-290-18494-0 (Print)
ISBN 978-3-290-18495-7 (E-Book: PDF)

Inhalt

Vorwort

Vor ungefähr 30 Jahren entstanden in der Schweiz und in Europa in den meisten grösseren Städten sogenannte Citykirchen. Im Namen spiegeln sich bis heute die verglasten Hochhäuser der 90er Jahre und die Wiederentdeckung der europäischen Citys, was damals unter anderem zum schrecklichen PR-Versuch führte, Zürich als «Downtown Switzerland» zu vermarkten. Zwischen damals und heute liegen mindestens eine Landflucht und eine Reurbanisierung sowie eine europaweite Neudeutung des Konzepts der Citykirchen.

Auch der Offene St. Jakob steht heute an einem anderen Ort als vor 30 Jahren, obwohl man in der Citykirchen-Bewegung immer den Aspekt der offenen Kirche betonte.

Natürlich gefiel man sich damals auch als urbane Kirche, blieb aber trotz Experimenten mit Kunst und neuen Formen der Spiritualität von Anfang an dem sozial-politischen Erbe im Kreis 4 verpflichtet. Der glänzende Paradeplatz war weiter entfernt als die politischen Kämpfe in Chiapas und Leonard Ragaz blieb prägender als die Impulse der postmodernen Theologie.

Woher diese seltsame, solidarisch spirituelle und vor allem offene Kirche mit ihrem Pilgerzentrum kam, was sie zurzeit beschäftigt und wohin sie sich bewegt, soll in diesem Buch erzählt werden. In kurzen Essays werden einige der Menschen zu Wort kommen, welche die Kirche am Stauffacher prägten und prägen: Gründerinnen und Gründer, Aktivistinnen und Aktivisten, Freiwillige, das momentane Team des Offenen St. Jakobs und Menschen, die mit einem Blick von aussen dem Projekt neue Impulse geben.

Das Buch bietet damit einen Einblick in die unterschiedlichsten Erfahrungen mit einem Kirchenexperiment, das, so Gott will, noch lange offen bleibt.

Patrick Schwarzenbach

Wünsche an das Gasthaus «Offene Kirche»

Eine offene Kirche ist nicht einfach eine verdünnte Kirche; eine Kirche, der man nicht anmerkt, dass sie Kirche ist. Es ist ein Ort der verschiedenen Glaubens- und Unglaubensarten. Es ist ein Ort, an dem Menschen zusammenkommen, die man nicht beieinander erwartet. Es ist ein Ort im Morgengrauen des Glaubens; ein Ort, an dem die Undeutlichkeit des Glaubens grösser ist als seine Klarheit; ein Ort auch neuer Wahrheiten, weil man nicht geblendet ist durch falsche Endgültigkeiten. Dieser Ort nennt sich Kirche, offene Kirche. So nenne ich einige spirituelle Momente, die ich von der Kirche erwarte, die ich aber auch in der offenen Kirche zu finden hoffe. Dort vielleicht in anderer Form: probierender, spielerischer, unabgeschlossener – wahrheitsfähig, weil irrtumsfreudig.

Ich wünsche mir eine stolze Kirche. Die Kirche ist mit ihren Traditionen ein Schatzhaus der Erinnerung. Eine Gesellschaft kann nicht leben ohne die Quellen grosser Erzählungen vom Gelingen und Scheitern des Lebens. Die Moral, die Hoffnung und Zuversicht einer Gesellschaft leben nicht allein von Argumenten und klugen Überlegungen. Sie leben von der Erinnerung an Geschichten von gelungener Würde und von Erzählungen über die Möglichkeit des Lebens inmitten seiner Bedrohungen. Mein Beispiel: die Bergpredigt. Menschen brauchen Geschichten von Hungernden, die satt werden. Von Landbesitzern, die sanftmütig, und nicht machtbesessen sind. Geschichten, wo Leidenden versprochen wird, dass sie nicht ohne Trost sein werden. Menschen brauchen Geschichten von Friedensstiftern, die Söhne und Töchter Gottes sein werden, und in denen alle, die um der Gerechtigkeit wegen verfolgt werden, Erben der Fülle Gottes sein werden.

Ich wünsche mir eine demütige Kirche. Der gastfreundlichen Kirche wünsche ich Demut: Wir sind nicht die Einzigen in unserer Gesellschaft, die von Gott erzählen und ihn verehren. Unsere Häuser sind nicht die Einzigen, in denen man etwas vom Charme des Betens weiss. Wir sind nicht die Einzigen, die für den Frieden eintreten und auf dem Recht der Armen bestehen. Wir sind nicht die Einzigen, die grosse Erzählungen der Rettung des Lebens weitersagen. Mit anderen Menschen und Gruppen leben heisst, sich von der eigenen Dominanz verabschieden. Wir haben uns lange für die Wichtigsten gehalten. Wir sind es nicht. Wir sind Mitspieler im grossen Spiel der Humanität, nicht Schiedsrichter, und nicht Linienrichter. Wir sind wichtig, und wir sind nicht alles. Gott ist alles, und das genügt. Unsere Frage kann nicht sein: Von wem grenzen wir uns ab? Die Frage ist vielmehr: Mit wem zusammen spielen wir das grosse Spiel der Humanität und der Verehrung Gottes?

Ich wünsche mir eine missionarische Kirche. Den Namen Gottes vor anderen und für andere zu nennen, ist Mission. Ich will auf dieses Wort nicht verzichten, aber ich will es interpretieren. Mission heisst zeigen, was einem wichtig ist, worauf man setzt und was man liebt. Mission: sich zeigen und niemanden zwingen. Der Glaube braucht Öffentlichkeit, er muss aus seinem eigenen Schatten treten und Zeugnis werden. Man wird zu dem, als den man sich zeigt. Man gewinnt Gesicht, indem man Gesicht zeigt. Das gilt für alle Überzeugungen, nicht nur für die religiöse. Darum kann ich mir keinen Menschen mit einer wirklichen Lebensoption vorstellen, der nicht für sie wirbt und damit an die Öffentlichkeit geht. Alle wesentlichen und die Existenz des Menschen betreffenden Vorgänge spielen sich nicht nur in seinem Inneren ab. Sie drängen nach aussen, sie wollen inszeniert und gesehen werden, sie brauchen Publikum und Zeugen. Es bestätigt also den Glauben, wenn man sich als Glaubenden zeigt.

Ich will in einer offenen Kirche niemanden belehren und bekehren. Wohl will ich etwas von der Schönheit der eigenen Glaubenstradition zeigen. Die Schönheit, für die ich plädiere, ist nicht nur eine formalästhetische Angelegenheit. Schön nenne ich unsere Traditionen, die die Freiheit und Würde des Menschen und die Würde Gottes zeigen. Schön nenne ich die Begriffe Schuld und Sünde, weil sie die Freiheit und die Subjekthaftigkeit des Menschen betonen. Von aufsässiger Schönheit sind die Geschichten, die von dem Gott erzählen, der die Armen liebt und das Verlorene nicht verloren gibt. Von atemberaubender Schönheit ist die Erzählung von dem Gott, der sich in Christus selbst verliert und einer der Gequälten dieser Erde wird. Unsere eigene Tradition als schön, als des Menschen und Gottes würdig zu beschreiben, das wäre die Rhetorik, die es Menschen einleuchtend macht, dass Christen und Christinnen glauben.

Ich wünsche mir eine gastliche Kirche. Die Säkularisierung schreitet fort, zumindest in Europa. Zugleich ist überall eine Art «kapellenloser Glaube» (Rilke) zu finden; das heisst, eine Sehnsucht, die sich nicht mehr an deutliche Traditionen und Institutionen bindet; ein Glaube auf Zeit und in Undeutlichkeit. 2002 gab es ein Attentat in der Gutenberg-Schule in Erfurt, das die Kinder tief verstörte. Die Pfarrerin lud für den Tatabend zum Gottesdienst ein. Die Kirchen in dem sehr säkularen Erfurt waren voll. Sie waren die ganze Woche offen für Stille, Gebet und Gespräch. Die Menschen, die kaum noch Gebete kannten, haben sich die christliche Sprache ausgeliehen für diese Zeit der Not. Am Samstag nach dem Attentat gab es einen grossen Gottesdienst auf den Domstufen. Der Domplatz war voller Menschen. Die Kirchen sind eine Art Kostüm- und Sprachverleihanstalt. Sie leihen Kleider, Masken, Sprachen, Lieder, Gesten aus an die, die keine eigenen haben und die doch gelegentlich spüren, dass sie sie brauchen. Wo die Kirchen die Klarheit der Botschaft wahren, da können Menschen Brosamen von diesem Brot mitnehmen in ihren durstigen, sehnsüchtigen und «kapellenlosen» Alltag. Die säkulare Gesellschaft braucht die Öffentlichkeit der Kirchen. Sie braucht ihre unsäglichen Nachrichten, wo sie selbst keine «Meistererzählungen» mehr hat. Sie braucht ihre Gesten in den dramatischsten Stunden des Lebens. Der zeitweilige Glauben drängt sich an den ihm fremden Ort. Menschen sind Gast im Glauben auf Zeit, und die Aufgabe der Kirche ist, den Fremden zur Verfügung zu stehen und Gastfreundschaft zu gewähren, den stummen Mündern Sprache zu leihen und dem kapellenlosen Glauben ein Haus. Auch der Glaube auf Zeit ist eine Form des Glaubens. Wer wollte ihn verachten in kargen Zeiten?

Fulbert Steffensky

Woher der Köbeli sein «Model» hat – 800 Jahre Jakobsgeschichte(n)

Köbeli – wie Pfarrerin Verena Mühlethaler den Offenen St. Jakob liebevoll nennt – ist 30: Er ist das jüngste Glied in der alteingesessenen Aussersihler Jakobsfamilie. Über 800 Jahre lokale Orts- und Kirchengeschichte haben seinen Geist und die mit ihm verbundenen Traditionen geprägt. Wenn wir einigen Ereignissen aus dieser Geschichte nachgehen, zeigt sich ein «Model» – modern gesprochen: ein Profil –, das sich durch die Jahrhunderte bis zum Köbeli durchzieht.

Die erste Erwähnung Aussersihls und seiner Jakobskapelle geht auf das Jahr 1221 zurück: Da ist vom Siechenhaus an der Sihlbrücke die Rede. Die Stadtzürcher schickten damals ihre ansteckenden Kranken aufs andere Flussufer. Hier ausserhalb des damaligen Stadt*randes* fristeten sie ihr Leben im wahrsten Sinne des Wortes als *Rand*-Ständige. Bis heute beleben ihre Nachfahren, die es seit eh und je und in allen Städten gibt, den Kirchenvorplatz. Einige richten sich in der täglich von 7 bis 7 Uhr offenen Kirche mit ihren Habseligkeiten für einige ruhige Stunden ein. Im Köbeli gehören sie dazu.

Pilgerkirche

Das Siechenhaus stand nicht von ungefähr an der Sihlbrücke: Hier zirkulierte der gesamte Fuss- und Fuhrwerkverkehr von und ins Limmattal. Es war der beste Platz zum Betteln. Anders konnten die aus der Stadt ausgeschlossenen Kranken ihren Lebensunterhalt nicht bestreiten. Zu den grosszügigeren Passanten gehörten wohl die Pilgersleute, die über Zürich unterwegs nach Einsiedeln waren. Für die Armen unter ihnen diente das Siechenhaus als günstige Pilgerherberge. Pilgerpionier Theo Bächtold belebt 1996 die uralte Erfahrung «Pilgern heisst beten mit den Füssen» neu: Nach 800 Jahren wird die Jakobskirche ihrem Namen gerecht – der Köbeli wird zur Pilgerkirche.

Kirche zu St. Jakob

Festschrift

zur

Vollendung

der protestantischen

Kirchen

in

Aussersihl.

Lith. Kunstanstalt FREY & SÖHNE, Zürich (vorm. Frey & Conrad)

Friedenskirche

St. Jakob an der Sihl ist ein Begriff in der Schweizer Kriegsgeschichte: 1443 fand hier eine Schlacht unter Eidgenossen statt. 1799 war Aussersihl der letzte internationale Kriegsschauplatz auf Schweizer Boden: zwei grausame, blutige Schlachten forderten hunderte von verwundeten oder getöteten Franzosen, Russen und Österreichern. Wie Chroniken berichten, beliess es die Aussersihler Bevölkerung nicht beim Zuschauen: Frauen und Kinder kümmerten sich um verstümmelte Soldaten und zogen sie auf Kinderwägeli ins städtische Spital – 60 Jahre bevor das Rote Kreuz gegründet wurde und genau diese Haltung einforderte. Aussersihl und die Jakobskirche sind eben auch ein Begriff für die Friedens- und Solidaritätsbewegung. Am Frauentag, 8. März 1919, hielt Clara Ragaz im St. Jakob eine Rede über die Rolle der Frauen in der Friedensbewegung; zwei Monate später organisierte sie in Zürich den historischen Kongress der Internationalen Frauenliga für Frieden und Freiheit. Und heute demonstrieren Kurdinnen und Syrerinnen auf dem Köbeli-Vorplatz für Frieden und Freiheit in ihren Heimatländern.

Wächteramt

Aussersihl gehörte seit der grossen Einwanderung im Zuge der Industrialisierung ab 1860 zu den ärmsten Gemeinden des Kantons. Bis 1893 wuchs die Bevölkerung auf über 30'000 Menschen an, die Gemeinde ging pleite und wurde in die Stadt Zürich eingemeindet. 1901: Einweihung der grossen St. Jakobskirche. Auf die Kanzel stieg mit Paul Pflüger einer der ersten «roten Pfarrer» der Schweiz. Er war Mitglied der Sozialdemokratischen Partei, Mitglied im Mieterverband, Gründer des «Jungburschenvereins», dem Vorläufer der späteren Juso. Alles, was Friedrich Engels über das «Elend der arbeitenden Klasse in England» geschrieben hatte, erkannte Pflüger auch im Armenviertel Aussersihl, insbesondere die krasse Wohnungsnot. Nach zehn Jahren wechselte er in den Zürcher Stadtrat und hinterliess einen politisch engagierten St. Jakob, kirchlich gesprochen: Eine Kirche, die ihr Wächteramt in Gesellschaft und Staat wahrnimmt. Sein Nachfolger Emanuel Tischhauser solidarisierte sich 1912 während des Zürcher Generalstreiks mit der streikenden Arbeiterschaft. Und hundert Jahre später, Ende 2011, richteten die lokalen Akteure der weltweiten Occupy-Bewegung ihr Protestcamp gegen das globale Finanzsystem auf dem Vorplatz des Köbeli ein. 2014 hielt auch das Thema Wohnungsnot wieder Einzug im Köbeli: einen Monat lang debattierten Mieterverband, Genossenschaften und Hausbesetzer miteinander; Schlussbouquet: ein Köbeli-Block an der grossen Demo gegen die Wohnungsnot.

Raus aus den Filzpantoffeln

Allerdings war die Jakobskirche nicht immer von einem kritischen Geist geprägt. Beim Kirchenjubiläum 1951 klagte der damalige Kirchgemeindepräsident Erich Naef, St. Jakob sei «eine Kirche im Schlafrock und in Filzpantoffeln» Es gab Überlegungen, die viel zu grosse Kirche dem Landesmuseum als Depot zu vermieten. Erst 1991 kam es mit dem Stellenantritt von Pfarrer Anselm Burr zum Wiedererwachen. Er brachte das Konzept «Citykirche» mit: Kirche als Ort der Gegenkultur – einerseits als täglich geöffneter Ort der Ruhe und Einkehr und anderseits als Raum für gesellschaftspolitische Themen und Aktionen. Im Advent zogen lebende Esel, Hühner und Schafe in die Kirche ein und liessen das Weihnachtswunder von Betlehem erleben; eine gewagte Kunstausstellung thematisierte Kirche und Homosexualität; die Vorführung des Pasolinifilms «Salo oder die 120 Tage von Sodom» löste in frommen Kreisen einen Aufschrei aus. Der totgesagte St. Jakob schlüpfte aus den Filzpantoffeln. Als 2009 Sans-Papiers und Asylsuchende die Predigerkirche besetzen, um für ihre Regularisierung und gegen ein Arbeitsverbot zu kämpften, und sie von dort vertrieben wurden, lud sie Anselm Burr als Gäste in den St. Jakob ein. Der Köbeli wurde zur Solidaritätskirche für Menschen, die geflohen sind und die von Ausschaffung, von Diskriminierung bedroht sind. Und wurde zum Grundstein für das grosse, heute im ganzen Kanton aktive Solinetz.

Und in den nächsten 30 Jahren?

Die Offene Kirche St. Jakob, bunt bemalt wie eine Moschee, der weite Raum ohne Kirchenbänke, der einladende Vorplatz mitten im Stadtgewühl, ein hoher Turm, geeignet für Transparente: das alles lädt ein zum Meditieren, Tanzen, Singen, Debattieren, Protestieren, Demonstrieren. Und für alles, was heute im Köbeli geschieht, gibt's Wurzeln in seiner langen Geschichte. Aber passt das noch zusammen? Flattert dieser Köbeli als orientierungslose Windfahne im Zeitgeist? «Nein», sagt Verena Mühlethaler, «die Klammer, die alles zusammenhält, heisst ‹Mystik und Widerstand›». Ob diese Klammer auch die nächsten 30 Jahre hält, das liegt nicht an der Vergangenheit, sondern am Engagement der Menschen, die diese so aussergewöhnliche Aussersihler Kirche heute und morgen weitertragen.

Hannes Lindenmeyer

Wie aus einer abgeschlossenen eine offene Kirche wird

Am 6. Januar 1991, dem Tag der Erscheinung des Herren (Epiphanias), «erschien» auch die Citykirche Offener St. Jakob zum ersten Mal. Nun ist es 30 Jahre her und damit der ideale Moment, um meine Erinnerungen an die Anfänge ihrer Geschichte zu Papier zu bringen. Ideal auch darum, weil 30 Jahre Abstand auch eine wohltuende Distanz bedeuten, eine gewisse Garantie, dass alte Wunden über-wunden und den Blick verzerrende Ambitionen zur Ruhe gekommen sind.

Innere Vorbereitung

Mein Einstieg in den Pfarrberuf nach Abschluss des Studiums ist eine neugeschaffene Stelle am Kinderspital Basel mit dem ausdrücklichen Profil, sich ganz ins therapeutische Team zu integrieren. Insbesondere Seelsorge für krebskranke Kinder und ihre Eltern gehört zu den Aufgaben. Ebenso aber auch Mitwirkung in der Ausbildung des Pflegepersonals und der Ärztinnen und Ärzte. Nach erfolgreichen 8 Jahren am Kinderspital Basel, einer 12-wöchigen CPT-Ausbildung und einer ganz persönlichen grundsätzlich-theologischen Standortkorrektur (vom fundamentalistischen zu einem empathisch-offenen Glaubensverständnis) wechsle ich ins Gemeinde-Pfarramt.

Weiter geht es mit 8 Jahren Allein-Pfarramt in einem kleinen Dorf im Zürcher Weinland. Leben in einer Wohngemeinschaft im grossen Pfarrhaus. Freundschaften mit mehreren jungen Familien und Paaren. Seelsorge vor allem für die älteren Gemeindeglieder und jeweils an einem Tag pro Woche in der Psychiatrischen Akut-Klinik in Rheinau.

Nachdem ich aus familiären Gründen die feste Stelle aufgegeben habe, folgen 3 Jahre wechselnde Stellvertretungen, die für die kommende Aufgabe eine ganz besondere

Vorbereitung bedeuten sollten. Darunter je ein ganzes Jahr im St. Peter im Zentrum von Zürich und in der Stadtkirche Winterthur. Auf sehr konkrete Weise sehe ich mich konfrontiert mit den pfarramtlichen Aufgaben von Zentrumskirchen in grossen Städten. Ich besuche die jährlich in Deutschland stattfindende Citykirchen-Konferenz und erhalte dort wesentliche erste Impulse. Fortan ist in meinem Innern ein Ordner geöffnet für das Thema Citykirchen-Arbeit. Und ein suchender Blick über die Stadt Zürich: Wo liesse sich dieses Konzept einer offenen Kirche in dieser Stadt verwirklichen? Wo sind / werden Stellen frei? Wo sind die geeigneten Räume? Wo das geeignete Umfeld?

Noch von der Stadtkirche Winterthur aus bewerbe ich mich auf eine freigewordene Stelle der Kirchgemeinde Aussersihl im Zürcher Kreis 4. Deren Pfarrwahl-Kommission hatte bereits die Hoffnung aufgegeben, eine Pfarrperson zu finden, die bereit wäre, in dieser seit Jahren sich mehr und mehr zurückziehenden und überalterten Kirchgemeinde zu wirken. Nach einem Besuch der Pfarrwahlkommission in einem Gottesdienst in Winterthur geht alles erstaunlich schnell und die Wahl wird vollzogen. Ich selber verbringe im Sommer 1990 viele Tage und Stunden vor der Kirche St. Jakob, sperre Augen und Ohren auf, um das bunte Leben dort wahrzunehmen: 70–80'000 Menschen – so hiess es damals – kommen an diesem Verkehrs-Knotenpunkt (8 Tramlinien) täglich vorbei. Ich wusste: das war's! Dieses hektische Treiben war das geeignete Umfeld für eine offene City-Kirche!

Amtseinsetzung am 6. Januar 1991 durch den Dekan Pfr. Ernst Sieber: Mit seiner bekannt handfesten Art überreicht er mir, nachdem ich das Gelübde auf den treuen Dienst am Evangelium abgelegt habe, einen Hirtenstab. Symbol des einerseits fürsorglichen, ebenso aber auch wehrhaften Dienstes an den Menschen im Auftrag des Guten Hirten. Bis heute begleitet mich dieser Hirtenstab. Und er erinnert mich nicht nur an dieses Amt, sondern zugleich an meine frühe Kindheit. Schon als 6-jähriger Bub trug ich zunehmend Verantwortung für die grosse Schafherde, die jeweils mehrere Monate im Winter in meinem Heimatdorf weidete.

Existentielle Erfahrungen von frühester Kindheit an, Ausbildung und geistlich-theologische Veränderungsbereitschaft kulminieren in diesem für die Kirche St. Jakob so entscheidenden Wendepunkt: der Geburt der ersten Citykirche der Schweiz, dem Offenen St. Jakob. In der Oster-Woche 1991 erfolgt die erste Ausstellung mit zeitgenössischer Kunst. In den Tagen um Weihnachten die äusserst sinnliche Aktion «Stallwärme» mit lebendigen Schafen und einem Esel im Vorraum der Kirche mit

zahlreichen niederschwelligen und auch kindergerechten Angeboten während der Weihnachtstage. Ein riesiger Besucherandrang und ein grosses mediales Interesse sind der Lohn für diesen Mut, neue Wege einzuschlagen. Von nun an stehen die Kirchentüren auch am Werktag offen.

Widerstand

Bald schon setzt auch der Widerstand ein gegen die neuen Formen kirchlicher Präsenz im Herzen der Stadt. Kein Wunder: die alt und müde gewordene Kirchenpflege ist überrascht über den Kurs und die Pläne des eben ins Amt eingesetzten jungen Pfarrers. Einige der Mitglieder fühlen sich überfordert. Statt sich lediglich der jährlich wiederholenden Traktanden wie Budget, Gebäude-Erhalt und Personal widmen zu können, sind plötzlich in jeder zweiten Sitzung inhaltliche Entscheidungen zu treffen und ungewohnte Aktivitäten zu bewilligen. Während im Umfeld der Kirche das Interesse wächst und neue Projektpartnerschaften mit Künstlerinnen und Künstlern, Flüchtlingen, Vertretern anderer Religionsgemeinschaften, Homosexuellen und politisch eher links orientierten Menschen entstehen, die die Kooperation schätzen und dankbar die Kirche als offene Bühne für ihre Herzensanliegen annehmen, verhärten sich kirchenintern die Fronten. Schon das Aufstellen von Kerzen auf dem «Altar» (Taufstein) wird von einigen als Kniefall vor dem Katholizismus und als «nicht-zwinglianisch» angeprangert und verboten. Die zahlreichen Versuche der Verständigung erfordern zusätzliche Sitzungen und fördern damit wie in einem Teufelskreis die Ermüdungserscheinungen. Als erlösender Ausweg erscheinen die Pfarr-Bestätigungswahlen im Frühling 1994. Die Kirchenpflege schlägt ihren Pfarrer zur «Nicht-Wahl» vor. Somit ist keine stille Wahl möglich und es kommt – nach einem öffentlichen Wahlkampf – zur Abstimmung an der Urne. Mit grosser Mehrheit wird der umstrittene Pfarrer von der reformierten Bevölkerung im Stadtkreis 4 wiedergewählt. Das Projekt «Citykirche Offener St. Jakob» ist gerettet.

Erste Schritte

Längst hat sich ein aktiver Freundeskreis um die vieldiskutierte Kirche gebildet. Als die Kirchenpflege – als Reaktion auf die Wiederwahl – geschlossen zurücktritt, fällt es nicht schwer, mit geeigneten Befürwortern eine neue Kirchenpflege zur Wahl vorzuschlagen. Einziges Handicap: Alle, die sich zur Wahl stellen wollen, müssen der Reformierten Landeskirche angehören und zudem innerhalb der Gemeindegrenzen ihren Wohnsitz haben. So offen das Konzept der Citykirche daherkommt, die verantwortliche Gemeindeleitung bleibt in den Händen der ortsansässigen, schweizerischen und reformierten Menschen. Auch der Pfarrer, damals noch nicht Schweizer

Bürger, hat kein Stimmrecht. So verlangen es die damals gültigen Gesetze und die Kirchenordnung. Um den Interessierten aus der ganzen Stadt und darüber hinaus eine Möglichkeit des minimalen Mitdenkens und Mitgestaltens zu eröffnen, wird der Verein «Forum Offener St. Jakob» gegründet.

Der Neustart nach hartem Ringen und vielen Wunden geschieht behutsam, aber stetig. Nebst der Vernetzung mit den unterschiedlichsten Playern und den daraus resultierenden zeitlich begrenzten Kooperationen beansprucht die Planung und Durchführung einer Gesamt-Renovation des Kirchengebäudes viel Aufmerksamkeit und Kraft. Erfreulich immer wieder ist die Zusammenarbeit mit den städtischen und kantonalen Ämtern: Denkmalschutz, Feuerpolizei, Amt für Städtebau, dem Stadtrat als Vordenker-Gruppe einer sich erneuernden Stadt. Sie alle hegen eine gewisse Sympathie mit der offenen Kirche, sind aber gleichzeitig auch an die überkommenen und einschränkenden gesetzlichen Grundlagen gebunden. Eine Zeit lang dient der Begriff «Kirche mit erweiterter Nutzung» dazu, in gegenseitigem Respekt experimentell Neuland zu betreten. (Drei Beispiele dazu: erstens mehrere zeitlich begrenzte Refugien für Flüchtlinge, zweitens Beherbergung des Kulturbetriebs des Kino Xenix während dessen Umbaus und drittens festliche Grossanlässe mit Catering für diverse Jubiläen – aber auch Trauerfeiern für Konfessionslose! –, als endlich der Kirchenraum nach geduldigen Verhandlungen von den alles blockierenden Bankreihen befreit war.)

Der nun erweiterte «Spielraum» erleichterte die Bemühungen, den Kirchenraum als Lebensraum zu erfahren, zu deuten, zu nutzen. Und dieser in seiner ursprünglichen Farbigkeit wiederhergestellte Kirchenraum ist es auch, der bis heute die Citykirchen-Arbeit trägt und zum Erlebnis für die unterschiedlichsten Nutzerinnen und Nutzer werden lässt. Diesem Raum und dem in ihm wehenden Geist der Freiheit und Menschenwürde gilt es – bei den stets wechselnden Themen und Herausforderungen – auch in Zukunft Sorge zu tragen.

Anselm Burr

Wie Kirche beweglich und aus dem St. Jakob an der Sihl ein Pilgerzentrum wird

Im Jahr 817 wurde das Grab des Apostels Jakobus in Galizien «entdeckt». Um das Jahr 1200 herum erlebte der Jakobuskult und die Pilgerfahrt zum Grab des «Sant Iago» eine erste Blütezeit. Entlang der Jakobswege entstanden an vielen Orten Jakobskirchen oder Jakobskapellen. In Zürich wurde 1221 am westlichen Tor zur mittelalterlichen Stadt die Kapelle St. Jakob an der Sihl erstellt. Obwohl das Pilgern im reformierten Zürich einen schweren Stand hatte, blieb der «Jakob» als Heiliger und als männlicher Vorname im Volk beliebt. So war es keine Frage, dass die als Ersatz des Bethauses St. Jakob 1901 gebaute Kirche weiterhin den Namen «St. Jakob» tragen solle.

Und als dann im Jahr 1995 eine Pfarrstelle in Aussersihl ausgeschrieben wurde, bewarb ich mich mit dem Argument, dass am St. Jakob ein Jakobspilger Pfarrer sein sollte – und wurde gewählt. So begann mit meinem Amtsantritt im Februar 1996 die Geschichte des Pilgerzentrums.

Dass die Zeit für diesen Schritt reif wurde, war u. a. folgenden Entwicklungen zuzuschreiben:

1. Dem Erlass des Europarats von 1986, die Wiederbelebung der historischen Pilgerwege zu fördern.
2. Der allgemeinen Aufbruchstimmung nach der politischen Wende in Europa nach 1989.
3. Dem Projekt «Pilgrimage 2000+» der Konferenz der europäischen Kirchen.

Ich pilgerte im Jahr 1991 zusammen mit meiner Frau nach Santiago und war in der Folge für das Pilgerthema sensibilisiert, hielt viele Vorträge und war ab November

1996 massgeblich am Projekt «pilgrimage 2000+» beteiligt. Zur Jahrtausendwende drehte das Schweizer Fernsehen einen Film über unser Tagespilgern, der in der SRF-Sendung «Sternstunde» und auf 3sat mehrmals gezeigt wurde. Auch grosse Artikel im Tages-Anzeiger, in der Coop-Zeitung und im Kirchenboten halfen mit, das Pilgerzentrum bekannt zu machen.

Die weitere Entwicklung des Pilgerzentrums lässt sich anhand meiner Beiträge zu den Jahresberichten der Kirchenpflege Aussersihl verfolgen:

2003

«Mit einer geordneten Kirchgemeinde als Rückhalt hat sich das Pilgerzentrum im vergangenen Jahr weiter konsolidiert und hat sogar in seiner Arbeit weiter expandiert. Der Adress-Stamm von an unseren Angeboten interessierten Pilgern zählt neu 800 Adressen. Das Tagespilgern auf dem Jakobsweg durch die Schweiz fand wieder so viel Anklang, dass wir für 2004 eine Verdoppelung des Angebots planen. Das Projekt ‹Zürich – Santiago 2003–2008› fand so viel Interesse, dass die erste Reise von Genf nach Le Puy dreifach durchgeführt werden musste! Die Präsentation unserer Pilgerarbeit in der Schweiz am Deutschen Kirchentag und die Mitarbeit in der Pilgerherberge im Rahmen dieses grössten kirchlichen Anlasses in Europa waren für alle Beteiligten ein grosses Erlebnis. Der Pilgerstamm ist zu einem Anlass geworden, der in der Agenda eines Pilgers nicht mehr fehlen darf. Die Pilger-Gottesdienste in der Wasserkirche hatten ihr treues Publikum, die Zahl der Beratungen von einzelnen Pilgern und Gemeindegruppen nahm weiterhin zu und auch unsere Homepage wurde rege konsultiert.»

2005

«Für die Arbeit im Pilgerzentrum war die neurenovierte Kirche St. Jakob ein Gewinn. Der Pilgerstamm war auch dieses Jahr sehr beliebt als Treffpunkt von zukünftigen und bestehenden Pilgerinnen und Pilgern. Im Tagespilgern führten wir durchschnittlich 60 Teilnehmende in einer Montags- und einer Samstagsgruppe in 20 Etappen vom Bodensee bis nach Genf. Mit 16 Pilgerinnen und Pilgern marschierten wir auf dem Elisabethpfad zum Kirchentag nach Hannover, halfen wieder mit in der Pilgerherberge und betreuten einen Informationsstand zum Pilgern in der Schweiz, der grosse Beachtung fand. Als krönender Abschluss des Jahres erschien kurz vor Weihnachten das Pilger-Liederbüchlein ‹Wegzehrung›, das in Zusammenarbeit mit Hannes Stricker entstand.»

2007

«‹Bilder am Wege› hiess die Ausstellung, die in 13 Tagen 1700 Pilger in den St. Jakob lockte. 200 Aquarelle von Hannes Stricker liessen den Jakobsweg von Konstanz bis zum Kap Finisterre für die Besucher lebendig werden.

Im Juni marschierten wir von Trier nach Köln an den Deutschen Evangelischen Kirchentag, wo wir wieder mit einem Informationsstand präsent waren. Wir führten drei Workshops zu verschiedenen Pilgerthemen durch und ich war zu einem Podium im Kölner Domforum eingeladen, an dem der neue Aufbruch des Pilgerns in Europa zur Debatte stand.

Zum 800. Geburtstag der Heiligen Elisabeth von Thüringen waren für uns auch die Elisabethpfade ein fälliger Schritt. Mit drei Pilgergruppen waren wir auf den verschiedenen neu ausgeschilderten Wegen von und nach Marburg zum Grab der Elisabeth unterwegs, und auch das Novemberforum widmete einen Abend dieser faszinierenden Frau.

Auf unseren Reisen und Tagespilgeretappen durften so insgesamt mehr als 1'000 Teilnehmende das geflügelte Wort von Martin Walser erfahren: ‹Der nächste Schritt ist nämlich nie ein grosses Problem. Man weiss ihn genau. Dem Gehenden schiebt sich der Weg unter die Füsse.›»

2009

«Im Pilgerprogramm waren Veränderungen im Inhalt, aber nicht in der Form festzustellen. Zum ersten Mal fand das Winterpilgern statt. Der Kapellenweg im Luzerner Hinterland war hier unser Angebot. Mit dem Tagespilgern zogen wir zum ersten Mal vom Randen über den Jura-Höhenweg nach Westen. Unverändert hoch, ja sogar immer noch zunehmend, sind bei diesem Angebot die Teilnehmerzahlen. Dies hatte dann auch Auswirkungen auf die Beteiligung an den Pilgergottesdiensten, am Pilgerstamm und am Novemberforum.

Viel Freude machte mir meine Teilnahme als Referent am Deutschen Evangelischen Kirchentag in Bremen.

Auch die Pilgerszene in der Schweiz ist Veränderungen unterworfen. Die Vernetzung der verschiedenen Schweizer Pilger-Initiativen ist 2009 zustande gekommen. Der

Dachverband Jakobsweg Schweiz wurde am 23. November 2009 gegründet. Dabei wurde ich als erster Präsident vorgeschlagen und gewählt.»

2010

«In der Kirche St. Jakob war pilgermässig der Pilgergottesdienst im Oktober ein Höhepunkt. Zum ersten Mal wirkte mein Nachfolger, Pfr. Bruderer, mit und durfte spüren, dass er dazugehört und in der Pilgergemeinde willkommen ist.»

Unter Pfr. Bruderer wurde das bewährte Angebot des Pilgerzentrums weitergeführt. Wegen der gemeindeübergreifenden Arbeit, die am Pilgerzentrum geleistet wird, erreichte er, dass die Stelle des Pilgerpfarrers den gesamtkirchlichen Diensten zugeordnet wurde.

Seit 2016 betreut Pfr. Michael Schaar das Pilgerzentrum. Da das von ihm erweiterte Angebot viel «Personal» erfordert, kann er weiterhin auf die Mitarbeit seiner Vorgänger und eines treuen Teams von freiwilligen Pilgern und Pilgerinnen zählen.

Theo Bächtold

Blass oder bunt? Das globale und lokale Wirken des Offenen St. Jakob

Ist die Kirche blass und ortsbezogen? Oder bunt und weltoffen? So lautete die Inhaltsvorgabe für meinen Text in dieser Publikation. Ganz nach dem alt-linken Motto: global denken, lokal handeln. Etwas angestaubt, doch weiterhin aktuell ...

Was soll ich zu diesem Thema schreiben? Dass die hiesige reformierte Kirche beides ist, farblos und bunt? Sowohl als auch? Ich lasse mich lieber nicht auf eine diesbezügliche Abhandlung ein – und erinnere mich einfach an meine Offene-St.-Jakob-Zeit.

Wenn mir die Kirche generell mal wieder bleich, kleinkariert, gar stur vorkommt, denke ich an die bewegten und bewegenden, die turbulenten, beschwingten und in allen Schattierungen funkelnden Momente im Offenen St. Jakob:

— An die Politfahnen, die wir laut Obrigkeit nicht vom Kirchturm herunterhängen sollten, wo zum Beispiel «Gott hat die Fremden lieb» draufstand. Total passend für eine offene Kirche.

— An den Aktionsmonat, wo es ums Zusammenleben im Kreis 4, überhaupt in unserer Stadt ging – mit den Stichworten «vielfältig, verantwortungsbewusst, vergnügt», die mein Herz höherschlagen liessen.

— An ein Konzert auf der Wiese vor der Kirche, wo mich ein junger Mann fragte: «Bisch du vo de Chile?» Und auf mein Nicken hin meinte er: «Es isch eifach megaschön, dass mir da chönd sii. So isch Chile guet.»

— An den Genuss, wenn die Orgel so richtig braust und der Chor jubiliert.

— An die unermüdlichen Freiwilligen, die im Präsenzdienst die Kirche hüten und als Gastgeberinnen und Gastgeber alle Menschen willkommen heissen.

— An kluge, inspirierende Predigten, die mich meine einstige Kirchenfernheit vergessen und eintauchen liessen in andere Dimensionen.

Es gab auch andere Eindrücke: die manchmal leicht unterkühlte Atmosphäre sonntags um 10 Uhr. Da konnten die Glocken noch so schön läuten, das Team des Offenen St. Jakob sich noch so ins Zeug legen, es war vergebliche Liebesmüh. Die Leute blieben meistens fern. Nicht wohltuende Stille, einfach nur Leere.

Ich «amtete» gut sieben Jahre als Kirchenpflegerin in Aussersihl (bis zur Einverleibung der örtlichen Kirchgemeinde in die Reformierte Kirche Stadt Zürich). Noch heute weiss ich nicht genau, weshalb ich da eingestiegen bin. Ich hatte mich jahrzehntelang nicht mit der Kirche in der Schweiz befasst, seit der Konfirmation kaum je einen Gottesdienst besucht, habe während vieler Jahre mehr heilige Stätten aller Art an vielen Orten der Welt als Kirchen von innen gesehen.

Ich war irgendwie fasziniert von dieser Citykirche mit der offenen Tür, mit dem politischen und spirituellen Engagement. Wenn der Seifenblasen-Mann farbig-durchsichtige Kugeln vor der Kirche tanzen liess, wenn sich junge Menschen – geflüchtete Frauen und Männer aus Asien und Afrika – auf dem Vorplatz fröhlich zum von Schweizer Kids gekochten Mittagessen trafen, da lag nicht nur ein würziger Duft in der Luft, sondern auch das Gefühl, dass diese Kirche eine weltoffene ist. Dass der Stadt Bestes womöglich hier gefunden werden kann – ganz getreu dem auf der Website veröffentlichten Bibelvers «Suchet der Stadt Bestes» (Jeremia, 29,7).

«Was, du in der Kirchenpflege?», wurde ich von Bekannten und Freundinnen verwundert gefragt. Das hätten sie von mir nicht erwartet. Doch es war eine gute Erfahrung. Klar war nicht immer alles nach meinem Geschmack. Lange Sitzungen mit viel Gerede und weniger Substanz. Aber manchmal auch solche, bei denen mir, ob all der Substanz fast schwindlig wurde. Einige wenig erfreuliche Diskussionen und Meinungsverschiedenheiten gab es ab und zu auch … gehört dazu … Kirche bedeutet nicht einfach Friede, Freude, Eierkuchen. Wir rauften uns im Team meist wieder recht gut zusammen. Ich versuchte jeweils, so gut es mir möglich war, nicht zu scharf zu reagieren und mich an Gandhi zu halten: «Auge um Auge – und die ganze Welt wird blind.»

Ich habe unvergessliche Erinnerungen an:

- Festlich-feine Freiwilligen-Essen, gepfeffert und gesüsst mit Zusammengehörigkeitsgefühl.
- Die bunten Theatertage mit dem Maxim Theater, das im Kirchenschiff auf den Jakobsweg ging.

- Mein Lieblingsprojekt, das im Offenen St. Jakob seinen Anfang nahm: das Flüchtlingstheater Malaika. Malaika heisst Engel auf Suaheli. Auch wenn wir Malaikas – aus Kenia, Aethiopien, Eritrea, dem Sudan, aus Tibet, Afghanistan, Syrien und anderswo – keine Engel sind (die paar schweizerischen schon gar nicht), versuchen wir seit Jahren und bis heute mit unseren selbst ausgedachten und erarbeiteten Theaterstücken gemeinsam etwas von allen Himmeln der Welt auf hiesigen Boden zu bringen.
- Unseren Quartierrundgang: ortsbezogen, historisch, sozialkritisch. Ausbeutung, Ausgrenzung, Armut, Hunger, Krankheit und sich dagegen wehren – und die Gegenüberstellung derselben Themen in Ländern des globalen Südens.

Da war nichts von farblos.

Auch die Mittagessen, die Ausfahrten und das Zusammensein mit den Seniorinnen und Senioren (zu denen ich eigentlich längst auch gehörte, wie ich so langsam merkte), organisiert von der engagierten Sozialdiakonin, lernte ich zu schätzen. Da war und ist viel Ortsbezogenheit, Verwurzelung und persönliche Geschichte spürbar. Der St. Jakob spielt im Leben mancher der hier Ansässigen eine wichtige Rolle. Für viele ist der Offene St. Jakob noch besser geworden, seit die Türen ganztags geöffnet und die einengenden Kirchenbänke verschwunden sind. Mehr Bewegungsfreiheit, mehr Luft, mehr Farbe, mehr Resonanz, mehr Pfiff …

Kirche muss nicht blass und düster sein. Der Traurigkeit sowie kleinen und grossen Problemen wird im Offenen St. Jakob zwar sehr wohl Raum gegeben. Doch es wird auch immer wieder der Versuch gemacht, diese zu überwinden. Der Offene St. Jakob predigt, hegt und lebt auch die Leichtigkeit des Seins.

Er steht weiterhin unverrückbar und sehr präsent am Stauffacher. Ich freue mich immer, wenn ich dort vorbeikomme und «St. Jakob offen» lese oder wenn ich eintrete in diesen speziellen Raum. Die Farben, das Ockerrot und das feine Gelb sind ebenso warm, wie jene der Tempel und Moscheen in Indien, wo ich eine längere Zeit lebte. Vor zwölf Jahren kam ich nach Zürich zurück, bezahlte wieder Kirchensteuer und bekam daraufhin das lokale Kirchenblatt zugestellt, in dem wiederholt ein leerer Stuhl abgebildet und zu lesen war: «Kirchenpfleger/-in gesucht.»

Ich habe diesen Stuhl dann viele ereignisreiche Jahre lang besetzen dürfen. Während dieser Zeit haben für mich die bunten Momente die blassen bei weitem übertroffen. Danke!

Dorothea Rüesch

Muss eine offene Kirche solidarisch sein?

Der Offene St. Jakob liegt mitten in Zürich; Zürich liegt mitten im Kanton Zürich; der Kanton Zürich liegt fast in der Mitte der Schweiz; und die Schweiz im Herzen Europas, wie es heisst. Europa ist eine Festung, die Menschen aus sogenannten Drittstaaten, also Nicht-EU-Ländern, kaum Einlass gewährt. Ganz besonders verteidigt sich die Festung Europa gegen Menschen auf der Flucht, die ihr Heil in Europa suchen. Dazu baut sie Zäune und Mauern. Dazu wendet sie nicht nur die Augen vom Mittelmeer, über das Menschen versuchen, Europa zu erreichen. Nein, sie unterstützt Praktiken und Instrumente, die aktiv die Menschen ins Meer stossen.

Zwar gehört die Schweiz nicht zur EU, sie ist etwas Besonderes, das sich nicht mit Europa gemein machen will. Aber am sogenannten Schengen-Dublin-Abkommen ist die Schweiz beteiligt. Das bedeutet, dass sie an der Festung eifrig mitbaut und bei Frontex, der europäischen Grenzagentur, an vorderster Front(ex) mitwirkt, mit jährlich steigenden Budgetbeiträgen und der Entsendung von Beamten unseres Grenzwacht-korps. Die offizielle Schweiz ist also Teil der europäischen geschlossenen Gesellschaft.

Bricht man dieses Schliessen und Mauern von Europa auf die Schweiz und auf den Kanton Zürich herunter, so hat das hier vor unseren Augen Auswirkungen. Zum Beispiel führte diese Schliessungsbewegung mit dem Inkrafttreten der Asylrevision von 2008 (es folgten noch etliche!) dazu, dass Asylbewerbende hier im Kanton Zürich plötzlich von Deutschkursen ausgeschlossen wurden. Die Nothilfe für abgewiese-ne Asylbewerbende wurde eingeführt, weil die offizielle Schweiz sich sicher war, spätestens nach fünf Tagen hätten die Leute genug vom Leben in Notunterkünften mit 8.50 Fr. am Tag in Form von Migros-Gutscheinen. Aber die offizielle Schweiz irrte sich, die Menschen hatten gute Gründe und blieben, und einige begehrten auf.

Eine Kirche wurde besetzt – der Offene St. Jakob gab den Besetzenden Gast- und Rederecht. So entstand rund um Weihnachten 2008 Neues. Am Offenen St. Jakob wurden ein Mittagstisch und ein Deutschkurs eingerichtet. Es begannen Gespräche mit den Behörden, um die Nothilfe von Gutscheinen auf Bargeld umzustellen. Erfahrene Aktivistinnen und Aktivisten bildeten Neulinge aus, so dass etwas Licht und Übersicht ins Dickicht der kantonalen Umsetzung des autonomen Schweizer Nachvollzugs europäischer Verriegelungspolitik fiel. Im Zuge all dieser Entwicklungen wurde im Herbst 2009 das Solidaritätsnetz Zürich, kurz Solinetz Zürich, gegründet, und zwar im Offenen St. Jakob.

Das Solinetz wuchs, und seinem Motto «Begegnungen statt Vorurteile» konnte in den Räumlichkeiten und mit der praktischen Unterstützung des Offenen St. Jakobs nachgelebt werden. Neben Mittagstischen und Deutschkursen beherbergt der Offene St. Jakob auch Vortragsreihen, Vollversammlungen und Feste mit Speis und Trank und Musik.

Solidarität ist eine Öffnung, mit der die offene Gesellschaft – in der nicht jede und jeder von vornherein ein unverrückbares Plätzchen («Wir oben, ihr unten») auf ewig zugewiesen bekommt – verteidigt wird. Früher war dies eine Aufgabe, die von liberaler Seite selbstverständlich übernommen wurde, wie Karl Popper in seinem Buch «Die offene Gesellschaft und ihre Feinde» zeigt. Diese Selbstverständlichkeit ist verloren gegangen. Heute braucht es Freiwillige, die die Solidarität leben. Und eine Kirche, welche die Solidarität unterstützt, muss sich auf nichts weniger als ihr «prophetisches Wächteramt» berufen. Dieses ist eine besondere, dem Religiösen vorbehaltene Art, die Ungerechtigkeit der Welt anzuprangern und an der Veränderung zum Guten zu arbeiten.

Das Solinetz als politisch und religiös unabhängige Organisation entspringt der Zivilgesellschaft. Es informiert die Öffentlichkeit über unhaltbare Zustände in unserem noch sehr ausbaufähigen und -bedürftigen Rechtsstaat mit verschiedenen Projekten wie Schulbesuchen, Informationsabenden, Vortragsreihen, bei denen Direktbetroffene selbst berichten. Andere Projekte dienen der Bildung, wie die bereits erwähnten Deutschkurse, die ein Leben im Kanton Zürich erst möglich machen, oder die Abendveranstaltungen, die das stetem Wandel unterworfene Asylsystem der Schweiz und seine Umsetzung im Kanton Zürich erklären. Begegnungen, die der eigentliche Sinn des Solinetzes (wenn nicht des Lebens!) sind, finden im Tandemprojekt, den Besuchsprojekten (Notunterkünfte, Ausschaffungsgefängnis) und bei Treffen, Wanderungen

und Festen statt. Konkrete Hilfestellungen bieten die Projekte «Wohnungssuche» oder das «Solidesk», das niederschwellig anlässlich der Mittagstische Orientierung im administrativen Dickicht bietet. Solidarität bedeutet konkrete Hilfestellung und angemessene Unterstützung. Solidarität meint aber auch ganz besonders Wärme, Menschlichkeit, Austausch auf Augenhöhe, geteilte Erfahrungen und auch Fröhlichkeit. Im Solinetz versuchen wir, dies alles zu leben, immer wieder auch mit und im Offenen St. Jakob.

Menschen aus aller Welt versuchen, in Zürich Fuss zu fassen und ein neues Leben anzufangen. Manchmal sagt jemand, das Solinetz sei dabei wie eine neue Familie. Das kommt aus dem Herzen, berührt die Herzen und drängt hoffentlich aus dem Herzen des Kantons Zürich in die Schweiz und in die Welt. Vielleicht beginnt hier die Erosion, mit der wir die Festung Europa schleifen.

Und so lautet die Antwort auf die Titelfrage: Ja, eine offene Kirche muss solidarisch sein. Was denn sonst?

Séverine Vitali

Mit dem Quartier gegen die Verdrängung

Mein erstes Zusammentreffen mit dem Offenen St. Jakob fand in der Person von Pfarrerin Verena Mühletaler statt. Es war ein frostiger Abend im Februar 2012, als eine einladend lächelnde Dame mich nach meinem Vortrag zum Thema Gentrifizierung im Café Zähringer ansprach. Zwei, drei Fragen zu den Prozessen der Verdrängung finanziell Schwacher aus der Stadt, einige Überlegungen dazu und schon stand die seit jeher relevanteste Frage im Raum: Was ist zu tun?

Wir trafen uns wieder, diesmal zu einem Bier im Xenix. Und wieder sprachen wir über die Verdrängung von Menschen aus der Stadt, einen Prozess, der insbesondere die zentralstädtischen Trendquartiere betrifft. Zum Beispiel das Langstrassenquartier, das zum Kirchenkreis des Offenen St. Jakob gehört und früher das Zentrum des Arbeiterquartiers Aussersihl war. Ich erzählte von der Kampagne unserer «Recht auf Stadt»-Gruppe. Mit Veranstaltungen sollte auf die für viele Menschen verheerende Mietpreisspirale aufmerksam gemacht werden. Denn ausgerechnet ressourcenschwache Menschen verlieren durch den erzwungenen Wegzug aus der Stadt auch noch ihre Nachbarschaft, Gemeinschaft, überhaupt die sozialen Bezüge und müssen stundenlange Arbeitswege in Kauf nehmen. Verena verstand nicht nur sehr gut – seit Jahren nahmen hier Gentrifizierungsprozesse ihren Lauf. Bereits sind viele Alteingesessene verdrängt worden. Im ehemaligen Arbeiterquartier, wo in den 90ern noch die Drogenszene wütete, siedelten sich immer mehr Clubs und Restaurants an. Es ist nun angesagt, hier zu wohnen.

Handeln!

Es dauerte dennoch nochmals ein Jahr, bis ich Verena wiedersah, diesmal nicht zum Reden, sondern zum Handeln. Am 20. März 2013 organisierte die Autonome Schule

Zürich ASZ eine erste Aktion, die auf ihre Raumnot aufmerksam machen sollte. Wegen der verlorenen Abstimmung zur Umnutzung des alten Güterbahnhofs hatte sie ihre Schulräume verloren und war einmal mehr obdachlos. Mit einer Deutschstunde im Stadthaus machten die Flüchtlinge auf ihren Raumbedarf aufmerksam. Verena tauchte gemeinsam mit Kirchenpfleger Hannes Lindenmeyer an der Aktion auf – über das Solinetz war der Offene St. Jakob mit der Flüchtlingsinitiative verbunden und zeigte so auch öffentlich seine Solidarität mit den Bedürfnissen der ASZ.

Bereits am Vortag der Aktion hatte ich die Pfarrerin zur Vorbereitungssitzung der ehemaligen «Recht auf Stadt»-Gruppe eingeladen, die sich mittlerweile zum Aktionsbündnis «Wem gehört Zürich» gemausert hatte: An einer Grossdemonstration am 26. Oktober 2013 sollte ein breites Spektrum von Organisationen gemeinsam gegen die Gentrifizierung einstehen. Leider fehlte Verena an diesem Abend, doch pünktlich vor der Demonstration setzte auch der Offene St. Jakob seine Unterschrift unter unsere Forderungen: Bezahlbaren und sicheren Wohn-, Kultur- und Gewerberaum, Freiräume und Selbstverwaltung. Und nicht nur das. Nochmals drei Monate später hatte das Kernteam von «Wem gehört Zürich» eine Einladung zum Treffen im Pfarreisaal im Briefkasten; der Offene St. Jakob wollte mit einem eigenen Aktionsmonat unter dem bezeichnenden Titel «Wie viel Erde braucht ein Mensch?» auf die Gentrifizierungsprozesse in Aussersihl aufmerksam machen.

So kam es, dass am 18. Januar 2014, ziemlich genau zwei Jahre nach unserem ersten Zusammentreffen im Café Zähringer, fast die ganze Kerngruppe von «Wem gehört Zürich?» im Pfarreisaal sass und mit einer sehr diversen Schar mögliche Inhalte und Ausdrucksformen eines Aktionsmonats im Mai diskutierte. Der Zufall wollte es, dass von unserer Seite eine nächste Grossdemonstration geplant war; die letzte war höchst erfolgreich und positiv verlaufen, mit grosser Reichweite und riesigem Echo. An der Kerngruppensitzung im Februar beschlossen wir, dass wir eine Zusammenarbeit mit der Kirche anstreben sollten – es war für uns schlüssig, dass eine gemeinsame Initiative für beide Seiten synergetisch und fruchtbar sein könnte.

Also begannen wir neben der intensiven Arbeit an unserer Grossdemonstration, am Aktionsmonat des Offenen St. Jakobs mitzuarbeiten. Ich selber gleiste mit der Fotografin Ursula Markus und der Filmerin Georgette Dutoit auch einen Kunstbeitrag auf: Das Videoprojekt «Geist/er der Langstrasse» präsentierte an sieben Führungen die Geschichten von zehn aus dem Langstrassenquartier verdrängten Menschen, zehn jener Menschen, die den Geist der Langstrasse ausmachten. Als Geister erzählten

sie an den Führungen von ihrer ehemaligen Hauswand herunter die Geschichte ihrer Verdrängung.

Im März wurde das Programm des Aktionsmonats mit seinen diversen und inspirie-renden Beiträgen konkretisiert. Neben Präsentationen, Musik, Tanz, Video, Foto, Meditation usw. wurden von «Wem gehört Zürich?» drei Aktionstage auf dem Vor-platz der Kirche am Stauffacher geplant. Die Vorbereitungen dafür gestalteten sich etwas harzig und zeigten, dass Seelsorge nicht in jedem Fall mit einem Talent für Eventmanagement einherging. Geduldig kümmerten sich unsere erfahrenen Ver-anstalterinnen und Veranstalter dennoch um Infrastruktur, Programm und Bauten, Texte, Künstlerinnen und Künstler sowie Abläufe.

Am Dienstag, 6. Mai 2014 war es dann so weit: Der Aktionsmonat der offenen Stadt-kirche St. Jakob unter dem Motto «Wie viel Erde braucht der Mensch?» wurde mit Ansprachen, Chormusik, der Ausstellung «Geist / er der Langstrasse» und dem da-zugehörigen Stadtrundgang feierlich eröffnet. Neben den Aktionen unterschied-licher Organisationen sowie Künstlerinnen und Künstler wurde die Kirche selbst zum Ausstellungsraum für verschiedene künstlerische Umsetzungen zum Thema «Raum». Als Höhepunkt der Aktionstage wurde der Kirchenvorplatz zum Treff-punkt von Stadtbewegten umgestaltet. Vom Freitag, 23. Mai 2014 bis zum Sonntag, 25. Mai 2014 bespielte zuerst die Autonome Schule Zürich den Platz (die immer noch ein neues Schulhaus suchte), danach vom 26. Mai 2014 bis zum 28. Mai 2014 das Aktionsbündnis «Wem gehört Zürich?» mit Infostand, Diskussionsveranstaltungen, Filmen, Volksküche, Theater, Transparente-Malen, Radio und vielem mehr. Der Treff-punkt war gleichzeitig der Auftakt zur nächsten Demonstration von «Wem gehört Zürich?» am 21. Juni 2014.

Das Ende

Die zweite Grossdemonstration von «Wem gehört Zürich?» war ein ebenso durch-schlagender Erfolg wie die erste: Ein bunter Zug von 2'000 Demonstrierenden zog mit allerlei Gefährten und gewitzten Transparenten lautstark durch Zürich. Die gute Stimmung, der Rückhalt und das grosse Medienecho zeigten, wie wichtig das Thema für Zürich war. Viele Rednerinnen und Redner beleuchteten denn auch das Thema von unterschiedlicher Seite – unter ihnen Verena.

Und dennoch: Nach eineinhalb Jahren härtester Arbeit, Nachtschichten, tausenden von E-Mails, Sitzungen, Präsentationen und Events war die Luft draussen. Die harte

Realität holte die Aktivistinnen und Aktivisten ein. Ende Juli 2015 kam noch ein Aufruf aus dem von der Räumung bedrohten Labitzke-Areal / Autonomen Beautysalon. Die Leute forderten die bei «Wem gehört Zürich?» Organisierten auf, öffentlich Stellung zur Räumung des Kulturprojektes zu beziehen. Der Aufschrei blieb aus und schlussendlich ging ein weiterer Freiraum in Zürich ziemlich sang- und klanglos unter.

Ende August lud Verena zur Fortsetzung von «Wie viel Erde braucht der Mensch?» ein. Niemand von «Wem gehört Zürich?» kam an die Sitzung.

In einer E-Mail vom 26. Oktober 2014 antwortete ich Verena: «Es scheint so, dass alle von ‹Wem gehört Zürich?› völlig überlastet sind, nicht nur ich. Neben der Arbeit machen ja alle noch Freiwilligenarbeit oder unzählige Überstunden. Drum mussten wir auch den geplanten Aktionsmonat im Herbst abblasen und wir treffen uns nur noch informell. Ich selber bin wieder arbeitslos und muss die Sachen, die während der letzten Jahre liegen geblieben sind, aufarbeiten. Das ist ziemlich viel. Und natürlich Bewerbungen schreiben, Projekte aufgleisen usw. Von dem her liegt einfach nichts mehr drin – ich muss ja in erster Linie schauen, dass ich überlebe.»

Ab diesem Moment kreuzten sich unsere sozialpolitischen Wege nicht mehr. Noch einmal durfte ich am 8. November 2019 am Podium zum Thema «Träume» im Offenen St. Jakob mitdiskutieren, wo ich meinen zu Materie gewordenen Traum von der Kultur am Stadtrand vorstellte: die Wunderkammer Glattpark. Ansonsten trafen wir uns eher zufällig am wirklich aussergewöhnlichen Kulturprogramm des Offenen St. Jakob. Doch etwas blieb: Auch in Zürich Nord arbeite ich nun in der Wunderkammer mit einer evangelischen Kirche zusammen. Zwar nicht mehr mit dem Offenen St. Jakob, doch mit einer ähnlich progressiven Kirche, der Markuskirche.

Vesna Tomse

Vom Reich Gottes am Stauffacher

Darf eine Kirche politisch sein?

Als wir im Offenen St. Jakob 2011 beschlossen, den Aktivistinnen und Aktivisten der Occupy-Bewegung auf dem Vorplatz unserer Kirche Gastrecht zu gewähren, löste das viele Reaktionen aus. Einige Personen traten aus der Kirche aus, weil sie fanden, als Kirche sollten wir uns nicht politisch äussern. Neben zwanzig kritischen E-Mails bekam ich aber drei Mal so viele ermutigende Reaktionen!

> «Man kann heute nur anarchische Gruppen oder die Kirche unterstützen.»
> «Sozialethische Anliegen gehören zu den Grundaufgaben der Kirchen.»
> «Couragiert!»
> «Solche Aktionen seitens der Kirche [eine andere war die klare Stellungnahme gegen die Ausschaffungs-Initiative, Anm. von V. Mühlethaler] sind es, die machen, dass ich eben *nicht* aus der ref. Kirche austrete»
> «Wenn man an der Kirche vorbeikommt und Leute dort campieren sieht, ist es ein wenig so, wie als Jesus noch gelebt hat ...»
> «Eine Kirche, die sich am Evangelium orientiert, brauchen wir dringend.»

Das sollte man eigentlich von jeder Kirche erwarten dürfen, dass sie sich am Evangelium orientiert. Schliesslich ist dieses seit der Reformation ihre alleinige Richtschnur. Sollte es zumindest sein ...

Die Bibel ist aber ein vielstimmiges Buch, das in einer patriarchalen Kultur geschrieben worden ist. Und so sind wir dazu aufgerufen, die Bibel kritisch zu lesen und sie zu interpretieren, d. h. in unsere Lebenswelt und Sprache zu übersetzen.

Reich Gottes: Mehr als nur eine Utopie?

Unbestritten ist, dass das «Reich Gottes» (basileia tou theou) *die* zentrale Botschaft von Jesus war. Es kommt im neuen Testament an 122 Stellen vor. Da in unseren Ohren «das Reich» ungute Assoziationen wecken könnte, übersetzt die Bibel in gerechter Sprache diesen Ausdruck mit «Welt Gottes» oder «gerechte Welt». In Bildern, Gleichnissen

und verschiedenen Aussagen macht Jesus deutlich, dass in dieser Welt – anknüpfend an die jüdisch-messianischen, spätapokalyptischen Hoffnungen – Menschen in Frieden zusammenleben und Gott Barmherzigkeit und Gerechtigkeit verwirklichen wird. Zur Zeit Jesus ahnte noch niemand die jetzige ökologische Katastrophe und so müssen wir heute auch die «Bewahrung der Schöpfung» zur existenziellen Grundlage dieser «Welt Gottes» dazuzählen.

Für die Nachfolgerinnen und Nachfolger von Jesus ist deutlich, dass diese gerechte Welt mit dem Auftreten von Jesus schon begonnen hat, seine Vollendung aber noch aussteht. Die völlige Umgestaltung aller politischen Verhältnisse erwartete Jesus allein von Gott.

Die Erfahrungen des letzten Jahrhunderts haben gezeigt, dass die Verwirklichung von Utopien katastrophale Folgen mit sich bringen können. Darum ist es für mich heilsam, die Vollendung der christlichen Utopie Gott – und nicht dem Menschen – zu überlassen. Gleichzeitig brauchen wir als Gesellschaft Erzählungen und Visionen von gelingendem Leben, um uns nicht mit dem «Lauf der Dinge» zufrieden zu geben. Oder wie Fullbert Steffensky in seinem Beitrag schreibt: «Die Moral, die Hoffnung und Zuversicht einer Gesellschaft leben nicht allein von Argumenten und klugen Überlegungen. Sie leben von der Erinnerung an Geschichten von gelungener Würde und von Erzählungen über die Möglichkeit des Lebens inmitten seiner Bedrohungen.»

Die gerechte Welt, für die Jesus gelebt hat und gestorben ist, die er in verschiedenen Gleichnissen konkretisiert hat, inspiriert uns, uns für diese zu engagieren.

Unser konkretes Engagement

Gemeinsam mit dem Solinetz Zürich unterstützen wir anerkannte und abgewiesene geflüchtete Menschen. Letztere sind in unserem Land gezwungen, unter menschenunwürdigen Lebensbedingungen leben zu müssen. Ihnen gilt unsere besondere Solidarität. Jeden Freitag unterrichten insgesamt 60 Freiwillige geflüchtete Menschen in der deutschen Sprache und laden anschliessend zu einem Essen ein.

Weil unser Rechtsstaat immer nur annähernd gerecht ist und manchmal geflüchtete Menschen durch drohende Ausschaffungen in lebensbedrohende Situationen geraten würden, versuchen wir sie zuweilen auch mit einem Kirchenasyl zu schützen.

Bei politischen Abstimmungen, in denen es um drohende Verletzungen der durchaus christlich inspirierten Menschenrechte geht, hängen wir mithilfe von Greenpeace eine Fahne an unseren langen Turm oder drücken unsere Besorgnis und unsere Anliegen mit einer frechen Installation auf unserem Vorplatz aus. Gerne laden wir auch zu einer Diskussion in unsere Kirche ein, um das Gespräch mit Andersdenkenden zu suchen.

Ein regelmässiger Höhepunkt des Jahres ist unser «Aktionsmonat». Mit unserem langsam gewachsenen Netzwerk von Künstlerinnen und Künstlern, Engagierten aus Solidaritätsbewegungen, Vereinen, Genossenschaften, Kirchgemeinden und der Ökobewegung laden wir während eines Monats zu einem aktuellen Thema zu Ausstellungen, Veranstaltungen, Spaziergängen, Workshops usw. ein. Es sind grosse Themen wie «Wachstum», «Heimat? Heimat!», «Gutes Leben? Für alle!» oder «Leisten wir uns den Widerstand?!».

Mystik und Widerstand

Angesichts des Zusammenspiels von Weltherrschaft der Konzerne und dem durch den Siegeszug des Neoliberalismus geförderten Individualismus kann einen auch ein Gefühl der Ohnmacht überkommen. Gibt es überhaupt noch Formen des Widerstands, die mehr sind als die Beruhigung des eigenen schlechten Gewissens? Dorothee Sölle findet im Neuen Testament eine andere Perspektive. Dessen soziologisches Modell, seien «weder die Massen noch die einzelne Zelle, sondern die Gruppen, die sich gemeinsam auf einen neuen Weg machen. Innerhalb der Geschichte christlicher Mystik beriefen sich die aufrührerisch-mystischen Bewegungen immer wieder auf die Urgemeinde und ihre Lage im antiken Imperium.» (Dorothee Sölle, Mystik und Widerstand, Freiburg 2014, S. 243). Sölle sieht in den Nichtregierungsorganisationen, zu denen sie auch die lebendigen Teile der Kirche zählt, die Trägerinnen von Widerstand.

Ich habe immer noch das eindrückliche Bild vor Augen, als sich bei einem Vorbereitungstreffen für einen Aktionsmonat eine Nonne neben einen tätowierten Hausbesetzer setzte. Gläubige Menschen neben Atheisten oder spirituellen Wanderinnen und Wanderer.

Ich bin froh darum, dass es uns gelungen ist, um den Offenen St. Jakob herum ein Netzwerk von Menschen aufzubauen, die das gleiche Ziel haben: unsere Stadt (ab und zu auch unser Land – ja sogar unsere Welt) ein bisschen wohnlicher und offener auch für Menschen mit Migrationshintergrund werden zu lassen!

Mystik und Widerstand sind nicht zwei verschiedene Themen, sondern voneinander abhängig. Ja, manchmal ist Mystik sogar Widerstand und Widerstand Mystik. In den regelmässigen Meditationen, in Gottesdiensten und Gebeten, nähren wir unsere Seele und verbinden uns mit dem universalen göttlichen Geist. Er stärkt uns und lässt uns erfahren, dass wir nicht vom Brot allein leben und mehr sind als konsumierende und funktionierende Stadtbewohnerinnen und Stadtbewohner. Indem wir uns vernetzen und verbinden, wächst unser «mystische Trotz» (Sölle, S. 245), der uns von einer noch etwas anderen Welt träumen – und darum handeln lässt.

Verena Mühlethaler

Herrlich weiblich – oder warum eine offene Kirche auch eine Frau sein sollte

Die Beschreibung oben wurde mir als Arbeitstitel vorgeschlagen und regte mich sofort zum Nachdenken an. Die (offene) Kirche ist ein Mann – oder warum sollte sie auch eine Frau sein? Fällt Ihnen zu «herrlich weiblich» auch das entsprechende Begriffspaar «dämlich männlich» ein? Das Weib ist dämlich und der Mann also der Herr im Haus und in der Kirche! Weiblich zu sein, wird nur herrlich, wenn es sich auf einen Mann bezieht oder von ihm kommt. Dass die Damen keine Kirche und keinen Glauben gründen, wird mit dämlich sofort verständlich. Ihre Aufgabe ist es zu dienen, nicht zu herrschen.

So assoziierte ich also frei, bevor ich beim Recherchieren darauf stiess, dass meine umgangssprachliche stereotype Zuschreibung nichts mit der etymologischen Herkunft der Wörter zu tun hat – doch davon später. Gerne lade ich Sie ein, mir mit dieser etwas zugespitzten Wortspielerei weiter zu folgen.

Für die Institution Kirche galt die geschlechtsspezifisch normierte Grundauslegung über lange Zeiten, als wäre sie eine naturgegebene DNA, die göttliche Ordnung! In der katholischen Kirche ist dies bis heute offensichtlich der Fall. Doch auch in einer reformierten Kirche werden noch immer die Lobgesänge auf den «Herrn» angestimmt und das «Unser Vater» gebetet, als bräuchte es für die unbefleckte Empfängnis und die Geburt eines Sohnes tatsächlich keine Frauen bzw. Mütter. Die Anrufung «Unsre Mutter» können wir vielleicht in einem Ritual einer indigenen Kultur erleben. Einige Traditionen beziehen sich auch heute noch auf die Göttin Pachamama, Mutter Erde, Mutter Welt, Mutter Kosmos. Die katholische Theologin Mary Daly hat bereits vor Jahrzehnten aufgezeigt, wie die Göttin und Erdmutter infolge des Christentums nur noch als ein Schatten ihrer selbst in Gestalt von Maria aufzuspüren ist.

Die Historikerin Gerda Lerner hat mit ihrem Standardwerk über die Entstehung des Patriarchats erhellt, wie die monotheistischen Religionen die bereits existierende Versklavung, Ausbeutung und Unterdrückung von Frauen verfestigt haben. Später wurden unangepasste Frauen als Hexen denunziert und auf den Scheiterhaufen der Inquisition verbrannt.

Dass nicht nur eine offene Kirche *auch* Frau sein sollte, könnte im 21. Jahrhundert selbstverständlich sein. Zumal sich an ihrer Basis nach wie vor die Frauen mit viel Herzblut und Engagement einbringen. Was wäre eine Kirche und ihre Gemeinschaft ohne die Frauen? Auch an ihrem Haupt versuchen sie zwischenzeitlich wirksamer zu werden. Erst seit etwas mehr als 100 Jahren werden Frauen in der reformierten Kirche ordiniert, und es bleibt noch heute ein steiniger Weg, bis die «Bibel in gerechter Sprache», ein Zeugnis feministischer Mühen und Kämpfe, wirklich Eingang in die Gottesdienste findet und nicht in Regalen verstaubt. Es wird vielleicht noch weitere 100 Jahre brauchen, bis sich wahre Geschlechtergerechtigkeit voll entfalten kann und auch die Schöpfungsgeschichte nicht mehr zuungunsten weiblicher Präsenz, Gestaltungsmacht und Selbstwirksamkeit ausgelegt wird.

Sollte eine offene Kirche also nicht nur Frau, sondern auch Feministin sein? Im interkulturellen Frauentreff «Café Dona» fällt es uns leicht, diese Frage mit einem Ja zu beantworten. Am 9. Mai 2015 feierten wir das Eröffnungsfest, nachdem der Treff zuvor in der Beratungsstelle Infodona an der Langstrasse beheimatet war: 2022 wird er 30 Jahre alt – ein weiteres Jubiläum und ein Glücksfall, dass wir im Offenen St. Jakob diesen Frauen vorbehaltenen Raum ermöglichen können. Raum, um sich offen zu begegnen und auszutauschen über Lebensfragen, Alltagsfragen, Frauenfragen, Glaubensfragen. Der Frauentreff bildet eine potenzielle Keimzelle dafür, dass Frauen ihren eigenen Bezugsrahmen entwickeln und aus dem des Herrn – der stereotyp männlich definierten und nach wie vor dominierten Welt – heraustreten. Dass Frauen diese Welt infrage stellen. Selbstermächtigend in der Gemeinschaft unterschiedlichster Frauen ihre Bedürfnisse und Interessen, Fühl-, Denk- und Handlungsweisen, spirituellen Praktiken sowie ihre Wege erfahren, erkennen und bestimmen können. Sich dabei Geschichten erzählen «vom Glück, eine Frau zu sein» (Luisa Muraro). Es braucht diese Frauenräume, um die Bedeutung all dessen transformieren zu können. Nebenbei bemerkt bräuchte es auch Männerräume, in denen Geschichten erzählt werden vom Glück, ein Mann zu sein. Geschichten, die sich ebenfalls aus Freiheit, Würde und Hingabe speisen, ohne dabei «das Andere» in sich selbst zu unterdrücken und zu entwerten. Die offene Kirche, die auch ein Mann ist, braucht ebenfalls Aufmerksamkeit und Fürsorge.

Dieser patriarchale Bezugsrahmen, der Himmel wie Erde und unsere menschliche Existenz dazwischen umfasst und sie nach wie vor fest im Griff hat, ist nicht nur männlich und heterosexuell konnotiert, sondern auch mit der Hautfarbe «weiss» verknüpft und erhält zudem eine kapitalistische bis neoliberale Ausrichtung, als würde es keine Alternativen geben. Alles ist miteinander verwoben und schafft viel Leiden.

Die indische Schriftstellerin und Aktivistin Arundhati Roy glaubt jedoch an eine bessere Welt: «Eine andere Welt ist möglich. Sie ist bereits im Entstehen. An stillen Tagen kann ich sie atmen hören.»

Die Frage ist: Glaube ich daran?

Die Frage ist: Kann ich in einer offenen Kirche diese andere Welt atmen hören, ihr meine Stimme leihen, die Entstehung einer Glaubenswelt erfahren, die niemanden aufgrund ihres und seines Andersseins entwertet und ausschliesst, sondern feiert?

Die stereotypen Begriffspaare «herrlich weiblich» und «dämlich männlich» müssen und dürfen wir dabei abstreifen: Etymologisch betrachtet leitet sich «Dame» von der lateinischen *domina*, die Hausherrin, ab und «dämlich» vom nieder- bzw. mitteldeutschen Verb *dämeln* mit der Bedeutung «sich kindisch benehmen, verwirrt sein». «Herrlich» ist eine Weiterbildung von *hehr*, was im Westgermanischen «ehrwürdig» bedeutet. Das Substantiv «Herr» leitet sich ebenfalls von *hehr* ab und bedeutet im Mittelhochdeutschen zunächst «Gebieter» bzw. «der Hochgeborene» (König, Fürst, Ritter; vgl. Kluges Etymologisches Wörterbuch).

Auf diesen Spuren schöpfe ich aus der Verwirrung zunehmend Klarheit und beheimate mich alles Leben ehrend würdevoll im eigenen Haus wie in einer Kirche, in der ich allen als Hochgeborenen offen begegne.

Der Titel zu diesem Text könnte vielleicht lauten: Im Eigenen hochgeboren zu Hause sein und im Anderen würdig der Welt begegnen – oder warum eine Kirche offen für alle sein sollte!

Monika Golling

Von China an den Stauffacher – oder warum eine offene Kirche auch still sein sollte

Im Winter 2005/2006 besuchte ich eine Performance im Offenen St. Jakob: Tibetische Mönche kreierten im Kirchenraum Mandalas aus Sand. Fasziniert schaute ich ihnen zu, wie präzise und gelassen die Mönche den feinen Sand zu Kreisen und Kringeln siebten. Es war wie eine Meditation. Ah, dachte ich, so ist der Westen vom Osten doch nicht ganz abgeschnitten. Dieser Gedanke beruhigte mein Herz, das noch ziemlich durcheinander war. Denn kurz zuvor waren mein damaliger Mann und ich nach dreissig Jahren im Ausland (mein Mann arbeitete als Konsul für verschiedene Schweizer Botschaften und Konsulate) von Osaka auf einem Frachtschiff Richtung Le Havre aufgebrochen. Diese Reise bedeutete für uns einen neuen Lebensabschnitt: Mein Mann hatte beim EDA die Kündigung eingereicht; wir wollten in der alten Heimat ein neues Leben beginnen. Wie fühlt man sich in dieser Heimat heimisch nach dreissig Jahren im Ausland? Wie fängt man wieder an in diesem Land, das einem in vielem fremd geworden ist? Mit 21 Jahren verliess ich es, um mit 50 zurückzukehren. Das bedeutete: eine Arbeit beim EDA aufnehmen mit dem Ziel, fremde Länder kennenzulernen. Mich verlieben. Für die Heirat meinen Job aufgeben (ja, das war damals so, als Frau eines Diplomaten durfte ich nicht arbeiten). Kinder bekommen: eines in Paris, das andere in Johannesburg.

Und dann mein Aha-Erlebnis: China, Beijing. Nach dem anfänglichen Schock, nichts lesen oder verstehen zu können und trotzdem funktionieren zu müssen mit einkaufen, Kinder zur Schule bringen und vielem anderen, verliebte ich mich in die Stadt, in die uralte Kultur Chinas. Stand im ehemaligen Kaiserpalast und hatte das Gefühl: Das kenne ich! Ich gehöre da hin! Ich begann, die Stadt zu erkunden, zu Fuss, mit dem Auto.

Daraus ergab sich schliesslich ein Buch: «Si Miao, wo Buddha und Mao sich treffen». Es ist ein Buch über die alten Tempel und Prinzenresidenzen der Stadt. Gleichzeitig arbeitete ich (schwarz) für Peter Achten, der gleichzeitig mit uns nach China kam.

Nach knapp vier Jahren hiess es wiederum aufbrechen: nach Wien. Ich weinte Tränen um Tränen, wollte nicht weg aus meinem geliebten Beijing, nun geknickt durch den Tiananmen-Aufstand, den wir hautnah miterlebten. In Wien dann das zweite Aha-Erlebnis: Ich sah eine Touristenführerin, die den Chinesen auf Chinesisch die Stadt erklärte. Wie ein Blitz durchfuhr es mich: Das will ich auch! Mich nicht nur rudimentär verständigen können, sondern Sprache, Schrift und Kultur mit einem Sinologiestudium erlernen. Ich meldete mich an der Uni Wien an und verbrachte vier sehr erfüllte Jahre als Familienfrau und Studentin.

Dann wiederum eine Versetzung: nach Washington D. C. Oh Schreck! Ich wollte nicht fort von meiner geliebten Uni, weinte wiederum Tränen um Tränen. USA? Nie wollte ich dorthin. Ich riss mich zusammen und meldete mich an der University of Maryland an, um dort weiterzustudieren. Daneben arbeitete ich als Freiwillige an der Deutschen Schule im Vorstand und in der Schulküche. Ich beendete das Studium mit einem Bachelor.

Weiterstudieren ging nicht, denn wiederum kam die unvermeidliche Versetzung: diesmal nach Dresden. Jetzt waren es die Kinder, die Tränen um Tränen vergossen. Die ältere Tochter hatte sich gerade verliebt, die jüngere wollte nicht aus den USA weg (sie lebt heute in New York). In Dresden wirkte ich wiederum als Elternratsvorsitzende an der dortigen Schule. Daneben schrieb ich Bücher. Die Kinder schlossen mit dem Abitur die Schule ab, die Ältere zog nach Passau, um dort mit ihrem Freund (die Beziehung, die sich in Washington angebahnt hatte, hielt drei Jahre Fernbeziehung aus – und das damals ohne Handy …), die Jüngere ging vorerst nach Zürich. Und wir nach Japan! Zum ersten Mal ohne unsere Mädchen. Die chinesischen Zeichen halfen mir für die japanische Schrift. Ich fühlte mich ziemlich einsam, es ist schwierig, mit den Japanern einen näheren Kontakt aufzubauen, wenn man die Sprache nicht spricht. Ich nahm Unterricht, das half ein wenig. Ich entdeckte – neben der wunderbaren, japanischen Kost, die ich über alles liebe – die Tempel und Tempelgärten Kyotos. Welch ein Friede! Eine Ruhe, trotz der vielen Besucher. Die Gärten sind ein Mikrokosmos, die den Makrokosmos, also Himmel und Erde, widerspiegeln. Wir besuchten den Koya San, einen buddhistischen Berg, wo man in einigen Tempeln auch übernachten kann. Eine neue Welt tat sich auf und liess mich vieles, was im privaten Bereich nicht mehr gut ging, ein wenig vergessen. Bis zu dem Zeitpunkt, wo nichts mehr ging und wir beschlossen, in der Heimat neu anzufangen. Vier Wochen auf dem deutschen Frachtschiff als einzige Gäste. Vier Wochen hatten wir endlos Zeit, aufs Meer zu schauen. Genau an Weihnachten 2004 kamen wir in Zürich an. Drei Wochen später war der Riesentsunami; nicht weit von der Stelle, wo auch unser Frachter vorbeifuhr.

Leider hielt unsere Ehe dennoch nicht. Zu viel war schon zerbrochen oder hatte sich leergelaufen. Ich reichte die Scheidung ein und beschloss, die Trennung und die nicht einfache Geschichte meiner Herkunftsfamilie im Lassalle Haus in ignatianischen Einzelexerzitien anzuschauen. Sieben Wochen Schweigen. Meditieren. Beten. Im Park herumspazieren. Zwischendurch mit einer einfühlsamen evangelischen Pfarrerin und Trauma-Therapeutin reden. Auch da Aha-Erlebnisse. Auch da die Stille als Verbindung zu den Tempeln Chinas und Japans. Was mich berührte, war die Offenheit der Jesuiten für den Buddhismus, die Meditation, den sakralen Tanz, für das intuitive Malen und vieles andere. Das ist auch das, was mich am Offenen St. Jakob berührt: Offenheit für Andersdenkende, Andersfühlende, Andersaussehende.

Und jetzt bin ich wieder bei den tibetischen Mönchen im St. Jakob. Zufällig entdeckte ich den Flyer, mit dem Menschen für den Präsenzdienst gesucht wurden. Ich dachte: Das wär doch was! Ich muss ja etwas tun! Eine bezahlte Arbeit zu finden nach dreissig Jahren Ausland, «ohne gearbeitet zu haben», war unmöglich (Freiwilligenarbeit und Lebenserfahrung zählen nicht …). So nahm ich die Arbeit als Präsenzdienstleistende auf und tue dies bis heute. Dazu gesellte sich kurz darauf die Aufgabe am Gong für die Meditation. Ich fühlte mich an Japan erinnert. Die Stille, der dunkle Boden, die knarrende Heizung. Flashback! Unglaublich! Dazu begann ich historische Bücher über China zu schreiben, um meinem Heimweh ein wenig zu begegnen. Hat sich der Kreis geschlossen?

Isabelle Gendre

Von den Hügeln ins grosse Ganze – oder wie sich auch ohne enge Religion das finden lässt, was uns sucht

Wie die Jungfrau zum Kinde kam ich aus der voralpinen Hügelzone zu dieser bunten, lebendigen und manchmal etwas verrückten Kirche beim Stauffacher. Seither erlebte ich viel Herzberührendes, Sinnstiftendes, manchmal für mich Unverständliches – aber immer wieder Interessantes.

Der Offene St. Jakob war mir schon lange ein Begriff: Aufgewachsen auf dem Albispass (der Verlängerung der Üetlibergkette) kannte ich Kantor und Organist Sacha Rüegg schon seit Kindsbeinen. Eine der ersten bewussten Kontakte zur Kirche geschah dann auch via ihn: Ich interviewte ihn vor über 15 Jahren für die Zeitschrift eines Verbandes und erinnere mich daran, wie wir die gewaltige Orgel in der Kirche besichtigt haben. Und wie er mir von diesem speziellen Kirchenort erzählte, der gleichzeitig aufregend wie auch kirchenuntypisch tönte für mich.

In den darauffolgenden Jahren habe ich viele «Aussen»-Erinnerungen an den St. Jakob: Ich arbeitete lange beim Hardplatz und die Kirche war auf dem Weg dorthin oft eine Ruhe-Oase für mich. Manchmal trat ich ein und zündete eine Kerze an, andere Male fotografierte ich staunend die blühenden Magnolien oder blieb stehen, weil eine Kundgebung auf dem Vorplatz stattfand.

Ich würde mich nicht zwingend als religiösen Menschen bezeichnen. Zwar wurde ich katholisch getauft und meine Grossmutter brachte mir diesbezüglich viel bei.

Durch sie lernte ich unseren damaligen Dorfpfarrer kennen, der diesem Begriff volle Ehre machte. Er war von Anfängen (der Taufe meiner Schwester) bis zu Enden (der Beerdigung meiner Grossmutter) präsent und ich erinnere mich daran, wie er mich damals seelsorgerisch unterstützte, als ich nicht sicher war, ob ich an der Beerdigung den Lebenslauf meines Grosis wirklich vortragen konnte. Doch mit «Religion» setzte ich mich nach dem Religionsunterricht in der Schule nie mehr vertieft auseinander.

Zu Spiritualität und Glaube habe ich einen anderen Zugang. Für mich gibt es vieles zwischen Himmel und Erde. Doch dies in ein «Gefäss» zu drücken, fand ich immer schwierig. Somit blieb auch die Kirche eine Art theoretisches Konstrukt für mich. Gottesdienste zu besuchen, war nie meine Art, meine Spiritualität zu leben. Viel eher suche ich diese in der freien Natur, in der Verbindung mit der Schöpfung.

Dass ich nun seit zweieinhalb Jahren bei der Reformierten Kirche arbeite, war also nicht etwas, das sich aus meiner persönlichen Entwicklung heraus schon lange abzeichnete – im Gegenteil. Zwar kannte ich die reformierten Traditionen teilweise von meinem Grossvater, der mit meiner Grossmutter eine ökumenische Ehe führte. Aber ansonsten wusste ich nicht sehr viel darüber, ausser das, was wir in der Schule über Zwingli lernten. Als ich dann zufällig eine Stellenanzeige der offenen Kirche sah, mit der jemand für die Administration und Kommunikation gesucht wurde, dachte ich zwar «Interessant …», aber es war kein Fall von «Dort muss ich mich unbedingt sofort bewerben!».

Wenn ich mich an den Rekrutierungsprozess zurückerinnere, habe ich ganz klar Folgendes vor Augen: Ich war bei meinen Vorbereitungen auf das Vorstellungsgespräch erstaunt, wie viele «schräge» Anlässe in dieser Kirche stattfinden, die ich inhaltlich so gar nicht mit meinem bekannten Verständnis von «Kirche» zusammenbrachte. Und ich begann, mich an Zeitungsartikel von politischen Protesten im Umfeld des Offenen St. Jakobs zu erinnern und daran, dass dort schon früh die Kirchenbänke herausgenommen worden waren, um den Kirchenraum auch alternativ nutzen zu können. Dies zu einem Zeitpunkt, wo dies noch längst nicht so gang und gäbe war, wie es heute ist.

Vom ersten Tag an fiel mir auf, mit wie viel Herzblut hier alle am Werk sind. Mit diesem Begriff meine ich nicht nur die in der Kirche Angestellten, sondern auch das grosse Netzwerk der Freiwilligen, welche das kirchliche Leben mit ihrem Dasein sehr mitprägen. Immer wieder höre ich «Es ist halt *eusi Chile*». Und dieses Verständnis von

einem Hafen, wo man hingehört, inmitten des hektischen Trubels vom Stauffacher, finde ich schön.

Ich erlebte vieles in der Zeit, seit ich hier arbeite: Viel Bewegendes im zwischenmenschlichen Kontakt, Herausforderndes im Zusammenhang mit der Corona-Pandemie, viel Berührendes in Gottesdiensten und während Veranstaltungen. Gänsehautmomente mit Musik, zu Tränen rührende Einträge im Gästebuch, tanzende und meditierende Kirchenbesucherinnen und Kirchenbesucher, weitsichtige Aussichten aufs Quartier vom Kirchenturm aus, schlangenstehendes Publikum vor der Genesis-Lichtshow … Dabei stelle ich in verschiedenen Begegnungen und Gesprächen immer wieder fest, dass der Offene St. Jakob auch ganz viele Menschen anzieht, die sich selbst als nicht «spirituell» oder «religiös» bezeichnen und doch «das» finden in diesem Raum, was sie suchen. Und genau so geht es mir auch immer wieder.

Ganz speziell schön sind für mich die Momente, wo ich *eusi Chile* für mich allein habe. Beispielsweise in den frühen Morgenstunden, wenn im Sommer das Sonnenlicht eine ganz spezielle Atmosphäre zaubert oder abends kurz vor der Schliessung, wenn ich im Kerzenschein ins Zwiegespräch mit mir gehe. Dann spüre ich in dieser Kirche definitiv eine Zugehörigkeit zum grossen Ganzen. Und bin froh, dass ich zufällig hier gelandet bin und ganz viel über Kirche und Religionen und vor allem aber auch über Menschen lernen darf.

Alexandra Baumann

Von einer tanzbaren Theologie

Die Augen weiten sich regelmässig, wenn jemand sich darüber wundert, dass im Offenen St. Jakob am Sonntag Gottesdienst gefeiert wird. «Dann seid ihr wie eine richtige Kirche?!»

«Ja, sind wir», sage ich dann und versuche noch ein paar historisch-theologische Überlegungen nachzuschieben. Fast immer erfolglos. Meist reicht das Gespräch – oder das Interesse – dann nicht mehr, um auch noch über die theologische Tradition an diesem Ort zu sprechen, über Clara und Leonard Ragaz, über Pflüger und Tischhauser, über das rötlich schimmernde Reich Gottes und befreiungstheologische Impulse. Über Mystik und Widerstand.

Und meistens reicht es auch nicht, um über das Theologisieren selbst zu sprechen. Über dieses geheimnisvoll spannende Nachdenken und Nachspüren des Göttlichen in der Schrift und die Suche der himmlischen Spuren auf Erden. Über das Staunen, das Finden und das Verwandeln in Worte und Sätze.

Und dies, obwohl diese Aufgabe den Offenen St. Jakob und alle, die darin wirkten und wirken, bis heute beschäftigt. Die Theologie gehört zum St. Jakob wie die fehlenden Bänke – auch wenn sie nicht immer in klassischer Form daherkommt.

Es ist mit der Theologie nämlich wie mit dem Essen, man kann es im Stehen tun oder im Sitzen, gemeinsam oder allein, hastig und schnell oder langsam und bedacht. Nicht alle Speisen eignen sich für jede Form und nicht jede Haltung sättigt gleichermassen.

In der Theologie hat sich besonders eine Haltung in den letzten Jahrhunderten verfestigt, wurde dominant und damit fast synonym für das Theologietreiben. Es ist die sitzende Form, im Studierzimmer, bei gutem Lichte und mit vielen Büchern im Gestell.

Es wird in dieser Form auf einem Stuhl mithilfe von Texten über Gott nachgedacht.

In einigen Kirchen löste man sich zwar von der Figur des einsamen Gelehrten, teilte bewusst Tisch und Text und theologisierte gemeinsam – aber sitzen geblieben sind dabei die meisten.

Für die wenigsten Menschen in unseren Breitengraden ist diese Form noch sättigend, denn was den hungrigen Kopf bedient, nährt nicht immer Hirn und Herz.

Dass diese Körperhaltung aber nicht zwingend ist, zeigt die Theologie, wie sie in den Klöstern des Mittelalters gelebt wurde. Sie wurde dort im Knien praktiziert und war damit weniger ein Gespräch über, sondern ein Gespräch mit Gott. Sie ging von der Stille und dem Gebet über in Worte und Sätze. So beginnt der Benediktinermönch Anselm von Canterbury, der sich in seinem Text «Proslogion» um den Beweis Gottes bemüht, diesen ganz bewusst als Gebet. Aus dem Knien, dem Gebet und der Ruhe entstanden damals die Sätze der Theologie.

Auch im Offenen St. Jakob wird diese Art der Theologie praktiziert. Auch hier kann aus dem stillen Sitzen oder dem ruhigen Murmeln der biblischen Worte im Abendgottesdienst mit Lectio divina plötzlich Theologie wachsen.

Aber damit nicht genug. Es gab und gibt im Setting des Offenen St. Jakobs unzählige Formen, in denen Impulse zu Gott entstehen können.

Es gibt eine tänzerische Theologie, die nicht vom Text her kommt und dennoch durch Mark und Bein geht. Es gibt eine Theologie, die sich aus gestreckten Wirbelsäulen und gedehnten Faszien speist und Worte wie «Atem Gottes» ganz neu füllt. Und es gibt eine Theologie der Bewegung – ob nun pilgernd auf den Pfaden des Heiligen Jakobs oder auf dem Weg mit Menschen, die freiwillig oder unfreiwillig auf der Durchreise sind.

Die Metaphern und Sätze, die so über und zum Göttlichen gesprochen werden, unterscheiden sich in diesen Theologien von den Worten, die sitzend entstanden sind.

Natürlich wurde auch sitzend im Laufe der Jahrhunderte immer wieder am Bezugs-rahmen der Theologie geschraubt – so halfen die philosophischen Gedanken Platons den frühen Christinnen und Christen, die Texte des Neuen Testaments zu verstehen und zu ordnen, und so unterstützen die existenzialistischen Überlegungen von und nach Kierkegaard, Gott auch im Rahmen der Naturwissenschaften zu denken.

Wenn wir aber im Jakob neue Körper- und Lebenshaltungen ausprobieren, um aus ihnen heraus die alten Texte des Evangeliums neu zu verstehen oder die Geistkraft auch im Atem zu finden, ändern wir bewusst nicht nur den intellektuellen Bezugs-rahmen, sondern tanzen zwei Schritte zurück in der Hoffnung, ab und an aus dem Rahmen zu fallen.

Aus diesen Erfahrungen und Erkenntnissen können dann Wörter und Worte werden. Und deren Kraft lässt sich wieder wunderbar an den Momenten und Wegen des All-tags prüfen.

Was zu filigran und verästelt ist, kann auf eine Pilgerfahrt nicht mitgenommen werden. Was auf einer schwierigen Reise nicht trägt, bleibt zu Hause.

Metaphern, die zu spröde sind, um sich im Tanz zu bewähren, werden vergessen.

Und Worte, die in der tiefen Stille nachklingen, bewähren sich auch im Lärm des Alltags.

Ja, wir predigen am Sonntagmorgen, aber wir schauen immer, dass unsere Worte tanzbar bleiben.

Patrick Schwarzenbach

Von offenen und geschlossenen Mündern – oder warum Chormusik für alle zugänglich sein sollte

Ja – wir haben im Offenen St. Jakob das berühmte «Requiem» von Mozart, das «Gloria» von Francis Poulenc, «Die Schöpfung» von Joseph Haydn, das «Weihnachtsoratorium» von Bach und viele weitere Meisterwerke aufgeführt.

Ja – auf dem Platz Zürich gibt es viele andere Chöre, die sich ebenfalls an diese Werke wagen.

Ja – wir sind alles Sängerinnen und Sänger, die keine professionelle Gesangsausbildung haben und teilweise nicht einmal Noten lesen können.

Ja – wir sind stolz auf unsere Aufführungen!

Warum wagt sich auch der Chor der Citykirche an diese grossen Werke?

Es gibt dutzende von Chören mit eindrücklichen Aufführungen und es gibt und noch mehr Aufnahmen mit den grossen Chorwerken.

Ich möchte Chormusik allen Menschen zugänglich machen!

Seit mehr als 20 Jahren treffen sich wöchentlich rund 50 Sängerinnen und Sänger und füllen die Kirche mit ihren Stimmen. Alle sind willkommen, ausnahmslos alle, so wie es sich für eine Citykirche gehört. Die Gemeinschaft ist gelebte Diakonie, der Schwächere trägt den Stärkeren und umgekehrt. So staune ich oft zu Beginn eines

Projekts, wie aus einem unglaublich bunt zusammengewürfelten Chor, ein stattlicher Konzertchor wird. Es sind genau diese vielen Farben der Sängerinnen und Sänger, die jedes Konzert zu einem unvergesslichen Erlebnis werden lassen.

Von der Urkraft der Stimme zur Urkraft des Glaubens. In der Musik wird der Glaube entdeckt, gestärkt und erlebbar gemacht. Das Herantasten an biblische Texte, an einen Psalm, an geistliche Gedichte gelingt mit Singen fast wie von selbst. Man darf staunen oder auch kritisch bleiben, Texte nicht verstehen können. Und doch erahnt man die Tiefe, wenn Texte gesungen werden, die einem nicht auf Anhieb zugänglich sind.

Eines meiner ganz grossen Anliegen als Kantor der Citykirche Offener St. Jakob ist, zum Singen anzuregen, die Stimme zu pflegen und den Atem zu stärken. Ich begegne Menschen, die über sich hinauswachsen. Menschen, die sich Dank der Gemeinschaft an ein grosses Werk wie z. B. «Elias» von Mendelssohn wagen. Ja, es gibt Sängerinnen und Sänger im Chor, die können keine Noten lesen und es gelingt ihnen trotzdem mitzusingen. Es gibt Menschen, die sich niemals zugetraut hätten, sich einem grossen komplexen Werk anzunähern. Die Bestätigung, Teil von etwas Grossem zu sein, kann das Selbstvertrauen stärken! Ich möchte singende Menschen herausfordern, den Ehrgeiz wecken und zeigen, zu was man gemeinsam fähig ist.

Dies ist ein unglaublich starker Bildungsauftrag, der den Menschen selbst, aber auch der Kirche als Institution zugutekommt!

Ein grosses Ziel wurde erreicht: teilweise wird ein Jahr lang auf etwas hingearbeitet, Strapazen, Zeitaufwand auf sich genommen, Erfolge und Misserfolge im Wechsel erlebt. Aber der Weg ist das Ziel! Man hat den Horizont erweitert, Musik bis ins Innerste kennengelernt, Freunde gefunden, Neues erfahren. Das erhabene Gefühl als Sängerin und Sänger, wenn man im farbenprächtigen Chorgewölbe unter dem blauen Baldachin, der als himmlische Bühne dient, steht und den Applaus des Publikums entgegennimmt, ist kaum zu beschreiben!

Diese positive Stimmung überträgt sich auch auf die Zuhörerinnen und Zuhörer. Das Publikum spürt, was da im Chor passiert und was jede und jeder Einzelne geleistet hat! Es ist nicht nur das Mitsingen, sondern auch das Mithören und Miterleben der transformierenden Kraft der Musik. Eine Stimme aus dem Publikum: «Mich hat berührt, dass ihr die Musik für so viele Menschen zugänglich gemacht habt.» (Anselm Burr)

Nicht alles jedoch muss gross sein! Oft sind es auch kleinere Anlässe, die berühren: Sei es ein Gottesdienst, bei dem Musik und Text zugeschnitten auf ein Thema sind. Ein Gesangsquartett, das sich selber so gut kennt, dass erklärende Worte oder dirigistische Zeichen überflüssig werden, ein ökumenischer Evensong, bei dem der Chor die ganze Liturgie trägt, oder ein Offenes Singen mit Menschen, die man nicht kennt, oder ein Mittags-Singen in einer kleinen Gruppe. Man ist Teil eines grossen Ganzen!

Auch die Arbeit mit Kindern liegt mir am Herzen. Noch völlig unbeschwert kann gesungen werden, pure Freude und Neugier stehen im Vordergrund. Theater und Gesang gehen ineinander. Ich möchte den Kindern die Gelegenheit geben, sich auszudrücken mit ihrer Stimme. Ein Krippenspiel zu Weihnachten oder ein Musical rund um Freundschaft und Vertrauen lässt ein Gemeinschaftsgefühl aufkommen und stärkt die Kinder für die Zukunft.

Und war da nicht noch die Orgel? Auch sie funktioniert mit Luft! Auch sie hat eine Lunge und die Pfeifen haben eine Kehle und Stimmlippen. Darum ist es nicht verwunderlich, dass das Instrument oft mit der menschlichen Stimme verglichen wird. Zwar ist ihr Luftstrom nicht so flexibel wie derjenige des Menschen, aber ein Vergleich ist durchaus angebracht.

Neben meiner Arbeit als Kantor bin ich auch mit Herz und Seele Organist und nutze viele Gelegenheiten, das wundervolle Instrument einem breiten Publikum näherzubringen. In der Kirche St. Jakob steht ein ganz spezielles Prachtinstrument, das seinesgleichen sucht! Dem Instrument in unserer Kirche konnte nie ein verstaubtes Image angeheftet werden! Dafür sorge ich, denn ich liebe das Instrument sehr. Darum lasse ich die Orgel jeweils in ungewohnter Art und Weise auffahren: Sei es durch Konzerte die ganze Nacht hindurch, solistisch oder mit verschiedenen anderen Musikpartnern (im Jahre 2021 fand die 20. Orgelnacht statt) oder als organologisch-oenoligisches Gespann mit Pilgern, Orgel und Wein (OrganoVino). Auch die regelmässig stattfindenden Mittags-Intermezzi (Orgelmusik zur Mittagszeit) haben einen festen Platz im Zürcher Musikleben und bieten jungen, aufstrebenden und bereits gestandenen Musikern eine geeignete Plattform, Stärken und Vorlieben zu präsentieren. Bei Orgelführungen haben Jung und Alt staunende Gesichter und wache Ohren – sie sind oft von diesem uralten, traditionellen und doch modernen Instrument begeistert.

Zwei Lieder zum Jubiläum

Zwei gegensätzliche Lieder sind zum Jubiläum komponiert worden. Beide Lieder haben als Grundlage denselben Textdichter: den grossen Berner Theologen Kurt Marti. Marti inspiriert mich seit jeher und seine Texte und Gedanken sind für mich immer eine grosse Inspirationsquelle.

Das Stück «Klage» (Klage eines Flüchtlings im Asylland) soll den geflüchteten Menschen eine Stimme geben. Es soll aber auch die grosse Arbeit der Menschen rund um den St. Jakob würdigen, die sich tagtäglich um diese Menschen kümmern. Dieser Kanon ist mit vielen Pausen gespickt, was eine gewisse Unerträglichkeit provoziert. Im Zusammenklang mit den anderen Stimmen aber wirkt der Kanon sehr eindringlich und fordernd. Die Melodie ist bewusst in einem kleinen Tonumfang gehalten und spielt mit einer klagenden «blue note».

Ganz im Gegensatz dazu das Lied «Aber es kommt eine Auferstehung»! Eine bewegte Melodie als Refrain, die zum «Aufstand Gottes gegen die Herren» aufschwingt. Die Strophen sind in einer versöhnlichen Tonart gehalten, nehmen auf, wie eine Auferstehung aussehen könnte. Die Strophen sind als Gemeinschaftswerk geplant, die nach und nach erweitert werden sollen. Diese Strophen können auch als zweistimmiger Kanon gesungen werden.

Sacha Rüegg

Kanon zum 25-jährigen Bestehen der Citykirche Offener St. Jakob in Zürich

Klage
eines Flüchtlings im Asylland

Text: nach Kurt Marti

Musik: Sacha Rüegg, 2021

Kanon Einsatz: Sopran, Alt, Tenor, Bass (auslaufender Schluss, T & B ohne letzten Takt)

Aber es kommt eine Auferstehung

Text nach Kurt Marti (Refrain)
Patrick Schwarzenbach (Str. 1)
Sacha Rüegg (Str. 2)

Musik: Sacha Rüegg, 2021

Fine

Wo hockt Gott in 30 Jahren?

«Wo hockt Gott in 30 Jahren?» – Ich wurde eingeladen, mir zu diesem Thema Gedanken zu machen. Es wäre auch nahegelegen, zu fragen, wo die reformierte Kirche in 30 Jahren ist. Allerdings hätte es in diesem Fall vielleicht nicht viel zu schreiben gegeben. Die Statistik der Kirchenaustritte folgt einer Kurve, die derjenigen zum Verwechseln ähnlich sieht, an der sich der Rückzug der Gletscher ablesen lässt. Die reformierte Kirche, so sieht es aus, ist in 30 Jahren, was dann auch die Gletscher sein werden: verschwunden.

Aber, aber die Frage ist ja: «Wo hockt Gott in 30 Jahren?»

In den Tagen, als ich diesen Text schrieb, traf ich auf der Strasse einen Bekannten. Für ihn war ganz klar: Zu diesem Thema lässt sich sicher etwas Witziges machen. Tatsächlich, der Vokal O reiht sich in diesem WO GOTT HOCKT munter wie einst bei Ernst Jandls OTTOS MOPS KOTZT. Und dann thront Gott nicht, wie er das üblicherweise tut – und was übrigens auch ein O abgeworfen hätte –, sondern er hockt, ist also in die Hocke gegangen. Und wozu das? An diesem Punkt wird es bald schon gotteslästerlich lustig.

Jemandem zeigen, wo Gott hockt. Laut dem Variantenwörterbuch der deutschen Sprache ist das eine in der Schweiz gebräuchliche Redewendung. *Hocken* steht hier ganz einfach und ohne komischen Effekt für *sitzen*. Und die Redewendung als Ganzes will sagen: jemandem seine Macht demonstrieren, jemanden zurechtweisen. Das ist näher an Gewalt als an Komik.

Jemandem zeigen, wo Gott hockt. Traditionellerweise ist es die Kirche, die von Gott redet und weiss, was Gott von den Menschen verlangt. Und wenn es jemandem einfallen sollte, sich anders zu verhalten, als Gott es will, dann demonstriert die Kirche ganz im Sinn der Redewendung ihre Macht und weist diesen Menschen zurecht. Er muss Busse tun und Besserung geloben, er wird aus der Kirche ausgeschlossen oder gleich ganz aus dem Kreis der Lebenden. Ja, früher hielt es die Kirche zuweilen für nötig, einen Menschen für sein gottungefälliges Verhalten zu töten.

Es ist schon ziemlich lange her, seit die reformierte Kirche in Zürich sich als Statthalterin auf Erden jenes Gottes sah, dem die höchste Macht gegeben ist, auch die über Leben und Tod, Heil und Verdammnis. Damals war sie bereit, den Leuten in aller Schärfe zu zeigen, wo dieser Gott hockt. Es war das Jahr 1614, als Hans Waldis vom Henker der Kopf abgeschlagen wurde. Und vor ihm hatte die reformierte Kirche von Zürich fünfzehn weitere Täufer getötet, sie alle wurden in der Limmat ersäuft.

Seither hat sich die reformierte Kirche auf erstaunliche Weise gewandelt. Ihre Lust, zu zeigen, wo Gott hockt, ist ihr im Lauf der Jahrhunderte vollständig abhanden gekommen. Heute ist es ihr egal, ob jemand getauft ist oder nicht, ja, es spielt nicht einmal mehr eine Rolle, ob jemand an Gott glaubt. Eine Pfarrerin, die vor ein paar Jahren viel Aufsehen erregte mit ihrem Bekenntnis, dass sie nicht an einen Gott als Person glaube, sondern Gott nur als Bild sehe für eine positive Lebenskraft, hat deswegen ihre Pfarrstelle in ihrer reformierten Gemeinde in Bern nicht verloren. Die reformierte Kirche hat – ganz offiziell – kein Bekenntnis mehr. Und ich weiss nicht, ob sie mir noch eine Antwort hat auf die Frage, warum ich aus dem reichen ethnologischen Material an religiösen Schriften ausgerechnet diejenigen zu meiner Erbauung auswählen soll, die in der christlichen Bibel gesammelt sind und Geschichten aus einem zufälligen Landstrich im Nahen Osten erzählen, die alle mindestens zweitausend Jahre alt sind. Wer weiss, vielleicht würde mir meine Pfarrerin dazu raten, es doch einmal mit den Schriften Buddhas zu versuchen?

In den Tagen, als ich an diesem Text schrieb, sass ich einmal für eine Stunde in der Citykirche und schrieb auf schmale Papierstreifen die Namen von Menschen, die auf dem Weg nach Europa im Mittelmeer oder Atlantik ertrunken sind. Die Kirche war Teil einer Aktion, die an diese Menschen erinnern wollte. Oft waren es nicht einmal die Namen, die ich aufschrieb, denn sie waren so wenig bekannt wie die Herkunft der Menschen, die auf kleinen Booten unterwegs waren und samt diesen untergingen. Draussen, vor der Kirche, war in einem Aushang eine ungeheuerliche Zahl zu lesen:

44'000 Menschen sind in den letzten Jahrzehnten beim Versuch, in der Festung Europa anzuklopfen und um Einlass zu bitten, ums Leben gekommen. Europa hat diese Menschen zurückgewiesen, hat auf tödliche Weise seine Macht demonstriert, hat ihnen also, ganz im Sinne der Redewendung, auf tödliche Weise gezeigt, wo Gott hockt. Ja, Europa hat sich mit seiner Flüchtlingspolitik selber zu diesem Gott aufgeschwungen, der über Leben und Tod, Heil und Verdammnis entscheidet.

Bittet, so wird euch gegeben, klopfet an, so wird euch aufgetan. Ich bin sicher, es finden sich auch in den Schriften des Buddhismus oder des Islam Sätze, die eine Haltung und auch Hoffnung aussprechen, die der tödlichen Unmenschlichkeit entgegentreten, die Europa zum Programm seiner Flüchtlingspolitik erhoben hat. Ja, wer oder was dieser Gott ist, der uns Kraft und Hoffnung gibt, uns für Menschlichkeit und Nächstenliebe einzusetzen, darüber ist sich die reformierte Kirche völlig zu Recht im Unklaren. Und es spielt auch keine grosse Rolle, solange Kraft und Hoffnung da sind, gegen all die weltlichen Mächte anzukämpfen, die sich gottgleich zu Richtern aufschwingen über andere und ihnen vorschreiben, wie und wo sie zu leben oder auch zu lieben haben, unter Missachtung von Menschenrechten und Menschenwürde.

Die Citykirche kämpft für Menschenrechte und Menschenwürde und strahlt in Glaubensfragen wie die reformierte Kirche an sich als eine einmalige Toleranz aus. Sie lässt ihren Mitgliedern eine Freiheit, grösser als in jeder anderen Kirche. Aber die Menschen sind nicht dankbar dafür – und geben ihren Austritt. Sollte es die Citykirche in 30 Jahren nicht mehr geben, so bleibt hoffentlich – in neuen Gefässen – ihr Geist bestehen. Dieser Geist muss bleiben. Denn auch die weltlichen Götter, gegen die sich die Citykirche heute wendet, werden bleiben. Dass sie in 30 Jahren alle verschwunden sind, dafür spricht leider gar nichts.

Gerhard Meister

She is black!
Neue Sprache für das Göttliche finden

Müssen wir wirklich eine neue Sprache für das Göttliche finden? Haben wir doch die Bibel, kanonisiert seit 1835 Jahren (Irenäus), eine lesbare Dogmatik, aktualisiert seit 1805 (Origenes), die trinitarische Gottesvorstellung, festgelegt seit 1695 (Nikaia), eine monastische Spiritualität, reguliert seit 1480 (Benedikt), theologische Fakultäten, universitär seit 932 (Bologna), die Reformation, reformiert seit 497 (Zürich), anerkannte Landeskirchen, institutionalisiert seit 170 (Schweiz), die Kirchenordnung, legalisiert seit 10 Jahren (Zürich). Wieso Sprache für das Göttliche finden, wenn sie längst gefunden ist, vermutlich schon in der ältesten Felszeichnung. Rennt die Kirche wieder mal ihre eigenen Türen ein? Wieso finden, was da ist?

Einwenden liesse sich, dass Frauen, wenn sie das längst Gefundene in der überlieferten Tradition durchstöbern, sich selbst kaum finden. Zwar finden sich in der Bibel auch weibliche Gottesbilder, aber seit 1639 Jahren (Theodosius) beherrschen Männer die Szenerie des konstantinischen Abendlands. Noch schlagender wäre der Einwand, dass Schwarze, wenn sie christliche Traditionen überblicken, sich nirgends finden. Immerhin kommen in biblischen Schriften und frühkirchlichen Legenden ein paar Schwarze vor, aber seit 1170 Jahren (Clavijo) ist der heilige Jakob, zu dem jährlich wieder Tausende pilgern, auch der *Matamoros*, der *Maurentöter* und *Mohrenmörder*. – Beide Einwände sind wichtig, führen aber nicht weiter, solange sie im Bereich des *Heiligen Kosmos* bleiben, der *fides quae*, des *Zuglaubenden*. Ob nun Männer oder Frauen, Weisse oder Schwarze das Sagen haben, eine neue Sprache für das Göttliche wird es offiziell nicht geben, solange Struktur und Ordnung, Sichtbarkeit und Kontrollbedarf das Gemeinwesen dominieren, solange Glaube, sanft oder brutal, eine Machtfrage bleibt. *She is black!* wird notwendig ein Schrei aus dem Untergrund bleiben, *de profundis*.

Warum ist das so? Warum predigen wir von *Menschenfischern*, hüten aber ängstlich nur unsere Aquarien? Warum schmettern wir mit Inbrunst die Aufforderung, *dem Herrn ein neues Lied zu singen*, dichten ihm aber keines? Warum beteuern wir unsere *Gastfreundschaft*, hören aber Gästen, wenn sie wirklich kommen, nicht wirklich zu? Warum propagieren wir mit Pathos, eine *offene Kirche* zu sein, sperren aber ausweislich soziologischer Studien acht von zehn Lebenswelten aus? Warum verkaufen wir Kirchen, statt missiologische Ideen für neue Nutzungen zu generieren? – Heuchelei und Verlogenheit sind es nicht, auch nicht Unfähigkeit oder Bürgerlichkeit. Es ist, glaube ich, die unheilige Beschränkung auf offizielle Religion, auf ihre Sichtbarkeit und Struktur, auf den in zweitausend Jahren gewachsenen *Heiligen Kosmos*. So lassen wir die Orgel stimmen, überhören aber die Seelen, lassen den Turm renovieren, übersehen aber die Verkalkung unserer Gemeindekultur, lassen Kirchgemeinden fusionieren, bluten spirituell und intellektuell aber bis zur Bewusstlosigkeit aus.

Friedrich Rückert besingt in einem Gedicht, das Franz Schubert kongenial vertont hat, mit anderen Bildern vom Göttlichen die andere Seite der Religion, die inoffizielle, die immer wieder vergessene und unterdrückte, die privatisierte und ignorierte der fides qua, des Glaubenwollens: *Du bist die Ruh / Der Friede mild / Die Sehnsucht du / Und was sie stillt. / Ich weihe dir / Voll Lust und Schmerz / Zur Wohnung hier / Mein Aug und Herz. // Kehr ein bei mir / Und schliesse du / Still hinter dir / Die Pforten zu. / Treib andern Schmerz / Aus dieser Brust / Voll sei dies Herz / Von deiner Lust. // Dies Augenzelt / Von deinem Glanz / Allein erhellt / O füll es ganz.* – Rückert, Dichter und Übersetzer, Erforscher von vierundvierzig Sprachen, Mitbegründer der deutschen Orientalistik, weiss, dass Gedicht und Gebet Zwillinge derselben Eltern sind, nämlich Poiesis. So ist dieses Kleinod von Text gleich beides. Gott ist hier Ruhe und Frieden, Sehnsucht und Licht. Vier Gottesbilder sind dies, die biblische Bezüge haben, aber keine Anthropomorphismen sind. Damit nimmt Rückert zwei biblisch gegebene Freiheiten in Anspruch. Erstens: Dem ikonografischen Verbot, Gott darzustellen, korrespondiert das poetische Gebot, sich Gott vorzustellen. Geht auch nicht anders! Zweitens: Der Anthropomorphismus, sich Gott nach Art von Menschen vorzustellen, ist nur eine Teilmenge des Kosmomorphismus, sich Bilder nach Art welthafter Gegebenheiten zu machen. Geht auch nicht anders!

Rückert ruft einen anderen Gott an: einen, der zugleich Sehnsucht ist, und das, was Sehnsucht stillt, einen, der im Auge ansehnlich wird und im Herz lustvoll. Das sind Bilder jenseits jener Political Correctness, die der Heilige Kosmos seit Jahrhunderten fordert. Rückert ist subversiv wie ein biblischer Prophet. Damit nimmt er zwei

weitere biblisch gegebene Freiheiten ernst. Erstens: Gott ist anders, als weisse Männer, die ohne Macht nichts wären, ihn für sich reklamieren. Ein Jesus ist dafür ans Kreuz gegangen! Zweitens: Gott ist, bevor das Hirn denkt und womöglich Hand an ihn legt, eine Kraft, die das Herz erfasst und das mit Lust. Auch dafür wurde mehr als ein Mensch gekreuzigt!

Wie sein Zeitgenosse Schleiermacher macht Rückert sich stark für den humanen Input, der jedem institutionellen Output vorausgeht: für Sehnsucht, die für Religion das ist, was Hunger für Ernährung, Libido für Sexualität, Schmerz für Gesundheit oder Neugier für Bildung, nämlich eine menschliche Lebensgrundlage, einer der anthropologischen Motoren, die man ungestraft nicht privatisieren kann. Der Mensch hat Sinn und Geschmack für das Unendliche, und Religion macht ihn zum Menschen. Basale Motoren des Lebens sind leidenschaftlich, generieren Pathos, sind – mit Rückert – Lust und Schmerz. Allein durch sie entsteht Poiesis. Ohne sie freilich wird Mimesis zu leerlaufender Selbstwiederholung.

Mit ihr kann ich mir Gott, der selbst das Versprechen schlechthin bleibt, vorstellen, anthropomorph auch als Frau oder Schwarzen, aber auch kosmomorph wie Elias als Ruhe oder Johannes als Licht. Mit Poiesis bleibt der Heilige Kosmos nicht erstarrte Mimesis von einst, sondern beginnt sich zu bewegen und zu wandeln. Mit beiden werde ich leidenschaftlich und prophetisch. Was institutionell geforderter Correctness dabei wie Versprecher vorkommen mag, sind dann nichts als Schlenker in der lächelnden Leichtigkeit des Glaubens. Er nämlich weiss – mit Paul Tillichs *Mut zum Sein* gesagt – dass *das Annehmen des Gottes über dem Gott des Theismus uns zu einem Teil dessen macht, das nicht selbst ein Teil ist, sondern der Grund des Ganzen.* Larmoyance verwandelt sich in Pathétique. Ihre Aquarien bersten, und Kirche erwacht.

Matthias Krieg

Dank

Dieses Buch bildet nur die Stimmen einiger weniger Menschen ab, die sich im und um den Offenen St. Jakob engagieren, die grosse Mehrheit aber kommt in diesem Buch nicht zu Wort. Ihnen gebührt nun aber ein ganz besonderer Dank, denn ohne sie hätte es den Offenen St. Jakob nie gegeben oder gäbe es ihn schon längst nicht mehr. Unser Dank gebührt also in erster Linie den engagierten Menschen – ob sie sich nun als Gemeinde oder Freiwillige oder Gäste verstehen – sie machen den Offenen St. Jakob zu dieser umtriebigen, spannenden und offenen Kirche am Stauffacher, die er seit Jahrzehnten ist.

Zu den Personen

Hannes Lindenmeyer war Kirchenpflege-Präsident der Gemeinde Aussersihl. Er betätigt sich zurzeit als Lokalhistoriker, Schriftsteller und ist in vielen Vereinen und NGOs aktiv. Mit dem Offenen St. Jakob ist er bis heute durch sein politisches Engagement verbunden.

Pfarrer **Anselm Burr** initiierte das Projekt «Citykirche Offener St. Jakob». Neben unzähligen Ausstellungen, Podien, neuen Gottesdienstformen und internationaler Citykirchen-Arbeit war er immer auch als Seelsorger im Quartier präsent. Auch nach seiner Pensionierung blieb er mit den Menschen rund um den Offenen St. Jakob verbunden und unterstützt sie nach wie vor mit Rat und Tat.

Pfarrer **Theo Bächtold** gründete am St. Jakob das erste Schweizer Pilgerzentrum. Neben dem Aufbau des Zentrums, der Organisation unzähliger Pilgerreisen und der Betreuung der Pilgergemeinde waren er und seine Frau Annelies Bächtold massgeblich für die spirituelle Ausrichtung des Offenen St. Jakobs verantwortlich. Beide wohnen noch immer im Quartier und pilgern immer wieder gerne zur Kirche am Stauffacher.

Dorothea Rüesch war Kirchenpflegerin in der Gemeinde Aussersihl. In ihrem Engagement in verschiedenen NGOs (unter anderem HEKS und Erklärung von Bern) war sie auf der ganzen Welt zu Hause, bevor sie wieder im Kreis 4 heimisch wurde. Neben ihrem Mitwirken als Schauspielerin im Flüchtlingstheater Malaika ist sie bis heute Lehrerin im freitäglichen Deutschunterricht für geflüchtete Menschen.

Séverine Vitali arbeitet als Übersetzerin und studiert zurzeit Theologie. Sie ist ein Gründungsmitglied und ehemalige Präsidentin des Solinetz Zürich. Neben dem Deutschunterricht und dem Engagement für geflüchtete Menschen ist sie auch durch den sonntäglichen Gottesdient mit dem Offenen St. Jakob verbunden.

Die ausgebildete Soziologin **Vesna Tomse** arbeitet zurzeit im von ihr initiierten Projekt «Wunderkammer», das auf der Brache zwischen dem Stadtrand von Zürich und Opfikon durch Interventionen das solidarische Quartierleben und die kulturelle Innovation ermöglicht. Sie war in mehreren Aktionsmonaten der Offenen Kirche in den Themenfeldern Gentrifizierung, gewaltfreier Widerstand und ökologische Verantwortung engagiert.

Pfarrerin **Verena Mühlethaler** wirkt zurzeit am Offenen St. Jakob. Sie entwickelte den Schwerpunkt der Offenen Kirche massgeblich weiter und integrierte neue spirituelle Formen wie Yoga und Stimmmeditation, ist im Vorstand des Solinetzes Zürich und Mitautorin der Migrationscharta. Aktuell ist sie neben ihrer Arbeit als Seelsorgerin und Predigerin stark in den Themen Kirchenasyl, Unterstützung von Geflüchteten und widerständig-mystische Theologie engagiert. Wenn sie Zeit findet, malt sie zwischen Zürich, dem Tessin und der Türkei alles, was ihr vor die Leinwand kommt.

Die ausgebildete Sozialarbeiterin **Monika Golling** wirkt zurzeit als Sozialdiakonin und psychosoziale Begleiterin am Offenen St. Jakob. Neben der solidarischen Arbeit mit geflüchteten Menschen und Personen am Rand der Gesellschaft, ist sie besonders in Fragen des Feminismus und interreligiöser Wege der Spiritualität engagiert.

Isabelle Gendre ist Sinologin und Autorin. Sie gehört seit vielen Jahren zum Meditations-Team des Offenen St. Jakobs. Daneben ist sie im Präsenzdienst aktiv und sitzt dort nicht weniger präsent im Kontakt mit den Besucherinnen und Besuchern der Offenen Kirche.

Alexandra Baumann arbeitet in der Administration & Kommunikation des Offenen St. Jakobs. Nach ihrer Tätigkeit als Journalistin, Bloggerin und Texterin ist sie nun in den Niederungen der Zürcher Innenstadt gelandet und schätzt hier den Trubel um die Ruhe.

Patrick Schwarzenbach wirkt zurzeit als Pfarrer am Offenen St. Jakob. Neben seiner Arbeit am Stauffacher mit dem Schwerpunkt Seelsorge, Sans-Papiers und neue spirituelle Formen leitet er zusammen mit Noa Zenger den CAS Lehrgang Spiritualität der Landeskirche.

Sacha Rüegg arbeitet seit den Anfängen der Offenen Kirche als Organist und Kantor am St. Jakob. Neben der Chorleitung, der musikalischen Begleitung der Gottesdienste und verschiedenen musikalischen Angeboten unter der Woche ist er der Initiant von innovativen Projekten wie der Orgelnacht oder OrganoVino, die neben vielen Besucherinnen und Besuchern immer wieder international bekannte Musikschaffende nach Zürich locken.

Gerhard Meister arbeitet als Autor und Spoken Word Performer. Ihn als Hausautor der Offenen Kirche zu bezeichnen, ginge wohl zu weit und doch sind er und seine Texte immer wieder in geschriebener und gesprochener Form im Offenen St. Jakob präsent – unter anderem als «Schriftsteller-Predigt» im Gottesdienst.

Dr. phil. Dr. theol. **Matthias Krieg** hatte über viele Jahre das theologische Sekretariat des Kirchenrats der Zürcher Landeskirche inne. Neben Publikationen zu Kunst und Kirche, Literatur und Liturgie war er massgeblich am Kommentar zur Zürcher Bibel beteiligt. Zurzeit engagiert er sich in der Bewegung der *blue church*, die mit Jazz und Improvisation als Grundlage mit neuen Gottesdienstformen experimentiert.

Bildnachweis

Archiv Anselm Burr: Fotos Seiten 28, 29, 33

Ralf Feiner: Fotos Seiten 23, 24/25, 26

Martin Müller: Fotos Seiten 8/9, 13, 101

Alexander Stoll: Foto Seite 115

Reto Wodiunig: Fotos Seiten 109, 112/113

Ursula Markus: alle anderen Fotos